보통사람의
심리학

운전대만 잡으면 딴사람이 되는 이유

보통사람의
심리학

자미르 모히딘 · N.H.M 지음 | 정상천 옮김

산지니

일러두기

이 책의 주는 모두 옮긴이의 것이다.

머리말

 '심리학(psychology)'이라는 단어는 영혼이나 정신으로 진화하는 생명의 본질을 뜻하는 그리스어 '사이키(psyche)'와 토론, 과학, 지식을 뜻하는 '로고스(logos)'가 합쳐진 데서 유래했다.

 심리학의 정의는 말 그대로 '마음의 과학'을 의미한다. 표면적으로 심리학은 인간의 행동과 생각에 대한 학문이다. 인간은 매우 복잡한 존재이고 인간의 특정 측면에 대한 답을 찾는 것은 쉽지 않다. 이것이 심리학 분야가 광대한 영역을 아우르는 이유다.

 초기 단계에서 심리학자들은 그들의 생각과 감정 분석을 통해, 즉 자신을 통해 인간을 이해하였다. 이 방법을 자기성찰이라고 한다.

 이 방법은 감정, 주의력, 기억력 연구에 어느 정도 영향을 주었다. 그러나 인간의 정신에는 의식, 무의식, 잠재의식이 존재하기 때문에 이 방법으로는 모든 것을 설명할 수 없다. 이 방법은 사람이 의식 상태에 있을 때 실시되기 때문에 무의식 및 잠재의식 상태에 있을 때는 사람이 어떤 상태인지 알지 못한다.

 20세기 초, 당시 모더니즘 운동은 그들이 전통적인 사고라고 불렀던 이러한 심리학 연구방법을 거부하였다. 미국의 심리학자 J. B. 왓슨은 심리학자들이 객관적이고 그들이 직접 볼 수 있는 것, 즉 측정 가능하고 파악할 수 있는 것을 연구해야 한다고 말했다.

이와 같은 주장은 보이지 않는 마음에 대한 연구를 거부하였고, 인간 행동 연구에 새로운 심리학적 방법의 길을 열어주었다. 왓슨은 이 방법을 행동주의라고 불렀다.

그 후 심리학자들은 더 포괄적인 접근법을 시도했다. 행동 연구 이외에도 그들은 심리학의 한 측면으로 경험을 연구하기 시작했다.

이러한 인지 혁명 동안 심리학은 인간 행동의 감정, 인식, 생각, 그리고 기억을 반사적인 측면으로 고려하기 시작했다.

다음으로 심리학자들은 믿음과 경험을 인간 행동의 양상에 포함시켰다. 오늘날은 인간을 이해하기 위해 마음과 행동을 모두 고려하고 있다.

최근에는 여기에 사회적 영향이 추가되었다. 인간은 혼자 사는 것이 아니라 사회에 결속되어 사회화되기 때문에 서로의 행동에 영향을 준다.

'콤플렉스'라는 단어는 은밀하고 복잡하다는 의미를 가지고 있다. 그러나 심리학에서 '심리적 콤플렉스'는 완전히 다른 의미를 띠고 있다. 콤플렉스는 감정, 기억, 지각, 희망을 포함하는 무의식적인 패턴을 만드는 핵심을 말한다.

다시 말해서 '콤플렉스'는 의식 아래에 있는 것들의 결과로 인격이 형성되는 것을 말한다. 이 생각은 지그문트 프로이트와 칼 융에 의해 설립된 정신분석학 분야에 뿌리를 둔다.

따라서 우리는 이 책에서 심리적인 의미에서의 '콤플렉스'뿐만 아니라 인간의 행동에 대한 다양한 연구들에 대해서도 서술할 것이다.

'콤플렉스'는 인간의 매우 은밀하고 복잡한 성격을 설명하는 것으로, 인간의 행동은 심리학에서 단 하나의 키워드로 제시될 수 없으며, 한 가지 이유로 설명하는 것 역시 충분하지 않다. 따라서, 이 책에서 제기하는 인간의 행동과 생각에 관한 모든 질문들은 몇 가지 과학적이고 사회적인 실험에 기초하고 있으며, 절대적인 결론을 도출해 내지는 않는다.

차례

1
집단압력이 개인의 판단에
미치는 영향

_____

"큰 집단에 있는 어리석은 사람들의

힘을 과소평가하지 말라."

조지 칼린(George Carlin)

_____

우리는 책을 사고 싶을 때 먼저 다른 사람이 남긴 후기를 읽고 구매 여부를 결정한다. 영화를 보고 싶을 때도 마찬가지이다.

이러한 심리적 영향은 작은 선택에만 국한되는 것이 아니다. 우리는 특정 상황이나 문화를 정상적인 것으로 인식하는데, 이는 사회가 그것을 정상적으로 인식하고 있기 때문이다. 따라서 우리는 그 상황이 정상적이라는 데 동의한다. 그러나 정상적인 것이 항상 옳거나 좋은 것은 아니다.

1951년, 솔로몬 애쉬(Solomon Asch)는 스워스모어 대학에서 사회심리학 실험을 수행하였고, 이는 '순응(conformity)' 개념의 기초가 되었다. 애쉬가 제기한 문제는, "다른 사람의 의견이 우리의 판단에 영향을 미치는가?"였다. 즉, "사회적 압력이 일상생활의 의사결정에 어떤 영향을 미치는가?"라는 질문이었다.

그 실험에는 8명의 남학생이 참가하였다. 학생들 중 7명은 다른 학생을 시험하기 위한 '배우(가짜 피험자)'였다. 이 가짜 피험자들은 모두 애쉬의 실험 대상인 것처럼 애쉬와 협력했다. 이 가짜 피험자들은 공모자였다. 한 명의 특정 학생이 그 실험의 진짜 대상이었다.

애쉬는 그들에게 다음 그림을 보여 주었다. 그러고 나서 애쉬는 학생들에게 왼쪽과 길이가 같은 막대기를 A, B, C 중에서 선택하라고 했다.

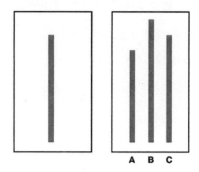

A B C

실험이 실행되기 전에 애쉬와 가짜 피험자들은 이미 답을 짜 맞추어 놓았다. 때때로 그들은 만장일치로 대답했고, 때로는 그렇지 않았다. 실험의 대상인 학생은 나머지가 대답을 한 후에 가장 늦게 답하도록 하였다.

실험은 18차에 걸쳐 진행되었다. 모든 학생들이 1, 2차에서는 정답을 말하였다. 3차부터 '가짜 피험자들'은 오답을 말하기 시작하였다.

12차 동안 가짜 피험자들은 오답을 말하였다. 애쉬는 실험 대상자가 어디까지 오답에 순응하는지 보고 싶었다.

그 실험은 123명을 대상으로 행해졌다. 애쉬는 '가짜 피험자들'이 참여하지 않는 또 다른 실험도 실시했다. 그 실험실에는 단한 명의 피험자만 있었다. 두 번째 실험은 첫 번째 실험과 달리사회적 압력을 포함하지 않았다.

첫 번째 실험의 경우 63.2%가 정답을 맞혔고, 자그마치 36.8%

는 '가짜 피험자들'에 순응하여 오답을 말하였다.

　반면에 두 번째 실험에서 오답을 말한 사람은 1% 미만이었다! 설명을 듣기 위해 애쉬는 각각의 실험대상자들과 인터뷰를 실시했다. 애쉬는 다수에 순응하지 않거나 따르지 않는 사람들은 자신의 판단에 높은 신뢰도를 가지고 있다는 것을 발견하였다.

　순응했던 사람들은 여러 가지 변명을 늘어놓았다. 일부는 자신의 대답이 틀렸고 '가짜 피험자들'이 맞다고 말했다. 일부는 애쉬의 실험을 망치고 싶지 않다고 말했다. 그들의 설명은 애쉬에게 약간의 시사점을 주었다. 그들은 자신의 대답에 뭔가 문제가 있다고 느꼈고, 실수를 감추고 싶어 하였다.

　애쉬는 또한 순응했던 사람들이 '가짜 피험자' 중 첫 번째 가짜 피험자의 대답만을 따르고 있다는 것을 알게 되었다. 심지어 그들은 답을 알고 있을 때에도 여전히 틀린 대답을 하였다. 애쉬가 피실험자들에게 가짜 피험자들의 대답이 틀렸다고 말하기도 했지만 그들은 여전히 다수를 따르는 쪽을 택했다.

　여러분들도 수업 중에 이런 상황에 처했을 수 있다. 선생님이 질문을 하고 몇 가지 선택지, 예를 들어 A, B, C라는 선택지를 주었다고 가정해보자. 여러분은 사람들이 어떤 대답을 많이 했는지 보기 위해 좌우를 살펴볼 것이다. 만약 많은 사람들이 A 선택지에 손 드는 것을 보았다면, 당신도 같은 대답을 선택하는 경향이 있다. 이때 당신은 다수의 선택이 정답이라고 생각한다. 이것이 애쉬의 실험에서 나타난 것이다.

그런 다음 애쉬는 사회적 규모(social size)가 사람의 의견과 판단에 영향을 미치는지를 알아보기 위해 또 다른 실험을 했다. 세 명의 참가자를 대상으로 한 실험에서 두 명이 오답을 말했을 때 나머지 한 명이 오답을 말할 비율은 13.6%였다. 오답을 말한 참가자를 세 명으로 늘렸을 때 나머지 한 명의 피실험자가 오답을 낼 확률은 31.8%로 늘어났다. 그것은 엄청난 급상승이었다.

만약 수업에 소수의 학생들만 있었다면 여러분은 자신만의 대답에 자신감을 느꼈을지도 모른다. 하지만 학급 친구들의 수가 상당히 많았다면 다수를 따랐을 것이다.

다시 애쉬의 실험으로 돌아가 보자. 참가자 수의 증가에도 '순응' 수준은 큰 변화를 보이지 않았다. 애쉬는 사회적 규모가 어느 정도만 영향을 미친다는 것을 알아냈다.

애쉬는 반대 대답만을 하는 '경쟁자'와 함께 앉아 있는 피실험자를 대상으로도 실험해 보았다. 애쉬는 피실험자가 자신감에 차서 '경쟁자'에 동의하지 않을수록 오답을 낼 확률이 줄어든다는 것을 알아냈다.

그러나 만약 '경쟁자'가 다수의 지지자들을 가지고 있다면 피실험자가 오답을 낼 확률은 '순응' 때문에 증가한다. 피실험자는 과반수 또는 심지어 '경쟁자' 자체를 따를 것이다.

수업 시간에 수학 문제를 토론하고 있다고 가정해보자. 당신의 대답이 친구의 대답과 다르더라도 당신은 자신의 대답에 확신을 가질 수 있다. 하지만 다른 사람들이 친구의 대답에 동의하면, 당신은 다수의 대답이 옳다고 믿는 경향이 있기 때문에 자신감이 무너질 것이다.

또 다른 실험에서는 대다수가 피실험자의 대답을 따르는 상황을 설정하였다. 즉, 애쉬의 초기 실험에서 피실험자가 가장 먼저 대답할 수 있도록 한 것이다. 여섯 차례에 걸친 실험 동안 처음에는 대다수가 피실험자의 답을 따르도록 했다가 서서히 다른 답을 제시하도록 하였으며, 최종적으로 피실험자의 답이 나머지 답과 다른 유일한 답이 되도록 하였다. 이때 '순응' 수준이 급격하게 증가하는 경향을 보였다. 여섯 차례의 실험 후에 피실험자들은 자신들이 다수결에 쉽게 부합한다는 것을 알게 되었다.

당신이 어떤 문제에 직면했을 때 자신의 입장을 끝까지 견지할 수 없었던 상황이 있을 것이다. 당신이 30명과 함께 수업을 듣는다고 가정해보자. 선생님이 A, B, C 중 정답이 무엇인지 물으면 A를 자신 있게 선택한다. 당신은 A를 선택한 5명 중 한 명이다. 그러나 대다수인 20명 이상이 B를 선택한다면 당신은 B를 답으로 변경하는 것에 주저하지 않을 것이다.

사사키 다카오가 개미를 대상으로 유사한 실험을 한 적이 있다. 실험 결과 개미도 인간과 같은 태도를 보여주었다. 사사키는 자신의 실험이 인간에게도 적용되는 것이 맞느냐는 질문을 받았다. 그는 "아마존에서 물건을 살 때 비용과 편익을 비교했어야 하지만, 나는 이에 기초하여 평가를 하지 않았다. 인기 있는 것과 베스트셀러만 샀다"라고 대답하였다.

2
할리우드에 대한
'썩은 토마토(rotten tomatoes)'*의 위협

"영화 제작 스튜디오들이 '썩은 토마토 효과'에 대응하는

최선의 방법은 더 좋은 영화를 쉽고 단순하게 만드는 것이다."

영화배우 폴 더가러브디언(Paul Dergarabedian)

보통사람의 심리학

2017년, 많은 할리우드 스튜디오들은 미국의 영화 및 텔레비전 리뷰 웹사이트인 '썩은 토마토'를 그들의 마케팅 캠페인에 대한 위협으로 보았다. 같은 해, 〈캐리비안의 해적: 죽은 자는 말이 없다〉, 〈베이워치〉, 그리고 〈미이라〉는 각각 9천만 달러, 5천만 달러, 4천5백만 달러의 총 수익을 거둘 것으로 예상되었다. 하지만 부푼 꿈은 그들이 각각 6,260만 달러, 2,310만 달러, 3,160만 달러를 벌게 되면서 산산조각이 났다. 그 이유는 '썩은 토마토'가 각각 30%, 19%, 16%의 낮은 평점을 주었기 때문이었다.

20세기 폭스사는 이것을 가볍게 여기지 않고 '썩은 토마토와 박스 오피스'라고 불리는 연구를 진행했는데, 이 연구는 썩은 토마토와 소셜 미디어의 결합이 영화 산업에 큰 영향을 미칠 것이라고 결론지었다. 다른 스튜디오들의 연구에 따르면, 25세 이하 고객 10명 중 자그마치 7명 정도가 썩은 토마토의 평점이 좋지 않은 영화에는 관심을 덜 가진다. 중요한 점은, 썩은 토마토가 낮은 평점을 준 영화라도 여러분에게는 충분히 흥미로울 수 있다는 것이다. 그럼에도 사람들은 주변의 영향을 받기 때문에, 관람객들은 썩은 토마토의 영향으로 그것들을 보지 않을 것이다.

모든 사람의 취향은 다르지만, 다른 사람들의 리뷰는 우리가

---

* '썩은 토마토'는 영화 및 TV 드라마 평론 웹사이트 가운데 하나이며, 주로 비평가 위주의 평점을 모아놓은 곳이다. 웹사이트의 이름은 옛날에 공연을 보던 관객들이 연기력이 매우 나쁜 배우들에게 토마토를 던졌던 것에서 비롯되었다.

결정을 내리는 데 큰 영향을 미치곤 한다. 우리는 종종 온라인으로 호텔을 예약하기 전에 구글 검색을 하는데, 검색 엔진은 각 호텔의 별 등급 또는 리뷰를 보여준다. 등급과 리뷰는 가족에게 가장 좋은 호텔을 예약하려는 당신의 결정에 영향을 미친다. 좋든 싫든, 이런 것들은 아주 사소한 일부터 일생에 한 번 있는 일까지 모든 의사 결정 과정에 영향을 미친다.

그 효과는 영화, 정치인 또는 유명인사들이 홍보할 때 더 뚜렷하게 나타난다. 때로는 장안의 화제가 되는 어떤 문제가 우연히 특정 제품을 홍보하기도 한다.

이것은 사회 연구과제 중 하나이다. 아이들이 어른의 행동을 배우는 걸 보여주는 보보인형 실험처럼, 어른으로서 여러분 또한 다른 사람들의 행동에서 무언가를 배우기도 하고, 여러분의 욕망에 따라 행동하거나 결정을 내리기도 한다.

영화, 호텔, 레스토랑, 회사, 슈퍼마켓의 등급이나 리뷰에 관한 흥미로운 점은 첫 번째 리뷰에 있다. 페이스북의 션 테일러(Sean Taylor)는 새로운 리뷰에 대해 기존 리뷰가 미치는 영향을 알아보기 위해 비교 연구한 적이 있다. 그는 첫 번째 리뷰를 지지하기 위해 몇 개의 리뷰를 조작하면 더 많은 리뷰가 그것을 지지하는 경향이 있다는 것을 알아냈다.

이 패턴은 소셜 미디어, 특히 페이스북에서 볼 수 있다. 예를 들어, 당신이 어떤 물건을 샀다고 가정해보자. 당신은 그 물건의

품질이 어떤지, 상태가 양호한지, 가격이 그만한 가치가 있는지를 전혀 모르는 상태이다. 물론, 댓글란에서 이러한 항목에 대한 답을 확인할 수 있다. 공교롭게도 당신은 판매되는 물건이 좋지 않다는 첫 번째 댓글을 보게 되었다. 그 후에 이어지는 댓글들도 첫 댓글에 동의하는 것들이었다. 이러한 댓글은 당신이 물건을 살 것인지 말 것인지를 결정하는 데 도움을 줄 것이다.

〈저스티스 리그〉를 본 후에 여러분은 이 영화가 충분히 흥미롭다고 생각했지만, 그렇지 않다고 말하는 리뷰를 읽고 나면 생각이 바뀔지도 모른다. 당신은 나시 르막 알리(Nasi Lemak Ali)*를 먹어본 후 맛있다고 생각하였지만, 몇 주 후에 악의적인 리뷰가 다르게 말하면 당신은 그 맛에 대해 의구심을 가지게 될 것이다.

바이즈만 과학 연구소의 마이카 에델슨(Micah Edelson), 야딘 두다이(Yadin Dudai), 탈리 샤롯(Tail Sharot)은 사람의 평가에 주변 환경이 어떤 영향을 미치는지에 대한 연구를 실시하였다. 피실험자들은 40분짜리 다큐멘터리를 시청하도록 요청받았다. 그 다큐멘터리는 경찰관과 불법 이민자 사이의 갈등을 보여준다. 그것을 본 후에, 그들은 320개의 질문에 답했다. 질문에는 경찰복 등 다큐멘터리 속 인물의 특징과 이민자가 체포 당시 입었던 옷, 작전 경찰관 수 등이 포함돼 있었다. 며칠 후, 실험 대상자들은 실험실

---

* 말레이시아 음식 이름

로 다시 와달라는 요청을 받았다.

당신이 피실험자 중 한 명이라고 상상해보자. 다큐멘터리를 보고 수백 개의 질문에 답한다. 며칠 뒤 당신은 다시 실험실을 방문한다. 다시 한번 질문에 답해야 하지만 대답하기 전에 먼저 다른 피실험자들의 대답을 들어야 한다. 그 대답들은 당신 몰래 꾸며낸 것이었다. 이 연구에 따르면, 지어낸 답이 틀렸음을 확신하고 있음에도 불구하고, 지어낸 답을 따르는 경향이 70%였다. 당신의 확신은 대다수의 대답에 영향을 받을 때 산산조각이 난다.

이 실험은 1951년 애쉬가 수행한 실험과 크게 다르지 않았다. 즉, 집단의 의견은 설득력이 있고, 개인의 의견에 실제로 영향을 줄 수 있다. 이 실험을 하는 동안 실험 대상자 중 절반은 머릿속에 지어낸 대답들이 남아 있어 혼동에 빠졌다. 그러나 그들은 조작된 대답이 자신에게 영향을 미쳤는지에 대한 질문에 강하게 부인했다.

다른 사람들의 리뷰나 의견은 우리의 평가에 쉽게 영향을 줄 수 있는데, 이는 우리가 다른 사람들이 무엇을 선택하는지 관찰할 뿐만 아니라, 선택에 따른 영향도 고려하기 때문이다. 영화처럼 주관적인 것도 있기 때문에 이것이 모든 것에 적용되는 것은 아니다. 유명한 영화 시리즈인 〈어벤져스〉는 많은 사람에게 호평을 받을 수 있지만, 여러분의 평가는 다를 수 있다. '바라(Bara)

볶음밥'은 어떤 사람에게는 군침이 돌지만, 여러분에게는 그렇지 않을 수 있다.

여러분이 어떤 것을 선호하든 간에 여러분은 항상 자신의 목표를 위해 타인의 행동과 의견을 평가하고 고려하여 자신의 행동을 조정할 것이다. 이것을 '마음 이론(TOM: Theory of Mind)'*이라고 하는데, 다른 사람들이 어떻게 생각하는지 생각하는 능력이다. 분명히 당신은 다른 사람들의 마음을 읽을 수 없다. 하지만 당신은 그들의 상황과 행동을 보고 그들의 생각을 예측할 수 있다. 상사, 배우자, 부모, 가까운 친구, 동료들의 생각을 바탕으로 행동하고 판단할 수 있다.

이 책을 쓰면서 독자들이 이 책을 어떻게 생각할지 매우 궁금했다. 나와 비슷하게 당신은 생일 때마다 당신의 파트너가 그날을 축하하기 위해 무엇을 계획하고 있는지 생각할 것이다.

당신의 배우자가 만약 고급 레스토랑에서 당신을 대접하고 싶어 한다고 상상해보자. 초대장을 받은 당신은 배우자의 동기가 무엇인지 궁금할 것이다. 당신의 배우자가 왜 당신을 이런 장소로 데려가려고 하는지 생각할 것이다. 여러 가지 추측을 한 끝에, 결혼기념일을 축하하기 위해서라고 지레짐작하고, 서둘러 선물

---

* 자신과 타인의 마음 상태에 대해서 이해하는 것으로, 지각·의도·동기·사고·정서 등 다양한 영역에 대한 추론 및 공감을 포함하며, 이는 행동에 영향을 미칠 수 있다.

을 구입한다. 약속 장소에 도착한 후에야 생각과 다르게, 당신의 배우자가 더 좋은 직장을 얻은 당신의 성공을 축하하고 싶었음을 알게 된다.

다시 한번, 상사로부터 보고서를 끝내라는 지시를 받았다고 상상해보자. 그 일을 하면서, 같은 부서에 있는 동료가 상사로부터 호된 꾸지람을 당하는 것을 보게 되었다. 이때, 당신은 상사가 동료를 꾸짖은 이유를 살펴보기 위해 '마음 이론'을 사용할 것이다. 동료도 당신과 같은 임무를 부여받았다는 것을 알게 된다면 당신은 마음 이론의 능력으로 직장 상사의 기대에 따라 일을 마무리하도록 노력할 것이다.

다음으로, 교통 체증이 흔치 않은 도로에서 교통 체증에 빠지는 상황을 상상해보자. 당신은 운전 면허증을 가지고 오지 않았고, 교통국의 도로통제 때문에 교통 체증이 생겼다고 생각하자 안절부절 못하게 된다. 더 이상 교통 체증이 발생하지 않음에도 불구하고, 당신은 다른 길로 우회하는 방안을 선택한다.

결과적으로, 스스로 결정을 내릴 때 다른 사람의 선택을 신중하게 고려할 필요가 있다는 것을 배울 수 있다. 당신은 이렇게 하지 않을 수도 있지만 그것은 항상 당신의 선택 범위 안에 있다. 마음 이론을 바탕으로 내린 평가는 옳을 수도 있고, 틀릴 수도 있다. 인터넷 상의 다른 사람들 리뷰와 평가도 기대만큼 정확하지 않을 수 있다. 따라서 겉으로 드러나는 모든 것에 바로 반

응하라는 것이 아니라, 무슨 일이 일어나고 있는지 상황을 살펴
볼 필요가 있다는 것이다.

3
뭉치면 똑똑해진다

"집단은 집단의 모든 사람이 공유하는 정보와 집단의 각 구성원이
개인적으로 가지고 있는 정보 사이에 균형이 유지될 때에만 똑똑해질
수 있다. 집단이 현명하게 유지되는 것은 독립적인 정보, 올바른
정보, 그리고 잘못된 정보의 조합을 통해서이다."

제임스 서로위키(James Surowiecki)

보통사람의 심리학

앞서 우리는 집단이나 대중이 여러분의 평가와 기억을 어떻게 바꾸는지에 대해 간단히 논의했다. 이번 주제에서는 일반 대중들도 확실한 사실과 의견을 제공할 수 있다는 것을 다루고자 한다. 이것이 우리가 선택을 내리는 대부분의 상황에서 민주적 절차를 사용하는 이유이다. 즉, 다수의 의견은 결정을 내리고 행동 방향의 좌표를 찍는 데 있어 중재자 역할을 한다.

대중의 지혜와 관련된 가장 좋은 예는 플리머스에서 매년 열리는 '영국 서부 지방 가축 및 가금류 전시회'의 1907년 대회이다. 이 대회는 도살된 소의 무게를 맞히는 것이다. 각 참가자에게는 카드가 주어졌다. 그들은 카드에 이름, 주소, 그리고 무게를 썼다. 정확한 답을 맞힌 사람은 꽤 푸짐한 상을 받았다. 무려 800명의 신청자가 참가했고 그 답안들은 찰스 다윈의 사촌이자 박식한 사람이었던 프랜시스 골튼(Francis Galton)에게 관찰과 분석을 위해 제공되었다. 골튼의 연구는 1949년 권위 있는 과학 잡지인『네이처』에 발표되었다.

참가자들은 농부, 정육점 주인, 그리고 다른 직업들을 포함하는 다양한 배경을 가진 사람들로 구성되었다. 카드를 모두 수집한 결과 평균 체중은 1207파운드였으며, 이는 실제 체중과 1%밖에 차이가 나지 않았다. 이 발견은 충격적이었으며, 참가자들은 우리가 다른 연구에서 추정한 것과 달리 대중이 지혜를 제공할 수 있다는 것을 보여주었다.

왜 이런 일이 일어났을까? 어떻게 800명의 군중이 거의 정확한 평균을 낼 수 있었을까?

이 이론을 대중화시킨 제임스 서로위키의 책『대중의 지혜』에 따르면 군중은 특정한 조건에서 개인들보다 더 똑똑하다. 이를 위한 조건 중 하나는 대중 속에 있는 각 개인이 의견을 내고, 결정할 때 어떠한 영향도 받지 않아야 한다는 것이다. 이는 플리머스에서 열린 전시회에서 실현되었다. 각 참가자는 타인의 영향을 받지 않고 소의 무게를 추정했다.

비록 각 유권자들은 다른 유권자들의 영향을 받지 않고 독립적으로 선거할 수 있지만, 선출된 지도자가 국민의 염원을 반영하지 않아 선거가 대중의 지혜에 반하는 것이라고 생각할 수도 있다. 그러나 모든 유권자는 미디어와 정치인의 영향 아래 있다는 사실을 알아야 한다.

만약 각 참가자들이 다른 참가자들의 답을 알고 있었다면, 평균은 틀릴 수 있다. 앞선 참가자들의 대답이 실제 소의 무게와 너무 동떨어져 있었다면, 뒤의 참가자들은 이전 대답의 영향을 받기 때문에 평균이 빗나갔을 가능성이 높다. 이것은 이전 주제의 연구에 의해 증명되었다.

『해리 포터와 마법사의 돌』은 12개의 출판사에 투고되었으나 거절당했다. 많은 편집자들이 이것을 알고 있었다. 초기에 원고가 두세 번 거절당하자 출판사들은 롤링의 원고가 가능성

보통사람의 심리학

이 없다고 생각했을 것이다. 흥미로운 것은 블룸스베리 출판사(Bloomsbury Publishing)는 완전히 다른 접근법을 취했다는 것이다. 출판사의 최고 경영자인 나이젤 뉴턴은 여덟 살 난 딸 앨리스 뉴턴에게 이 원고를 건네주었다. 앨리스는 원고 속 이야기에 매우 끌렸다. 앨리스는 아빠에게 이렇게 말했다. "아빠, 이건 다른 어떤 것보다도 훨씬 더 좋아요."

마침내 J. K. 롤링이 쓴 『해리 포터와 마법사의 돌』이 오늘날 빛을 보게 되었다. 이는 여덟 살짜리가 이혼 후 혼자 아이를 키우던 작가의 운명을 바꾸어 그녀를 백만장자로 만든 놀라운 이야기다. 뉴턴은 자신의 회사에 어린이부를 설립하면서 편집자들에게 부모들이 아이가 읽어야 한다고 생각하는 책이 아니라, 아이들 스스로가 읽고 싶은 책을 출판하라고 요청했다.

해리 포터 시리즈는 2018년 2월, 전 세계에서 5억 부 이상이 팔려 베스트셀러로 선정되었으며, 80개 언어로 번역되었다. 어린이부의 편집장인 배리 커닝햄이 이 책을 출판하기로 결정했을 때, 그는 이미 원고를 거부한 편집자들이 누구인지 알고 있었다. 하지만 그는 아이의 평가에 관심을 기울였고, 해리 포터가 대박을 터트리면서 올바른 결정을 내렸음이 밝혀졌다.

커닝햄이 12명의 편집자들과 달리 출판 경험이 없는 아이에게 의지한 방법은 사실 도박이었다. 해리 포터는 잘못되었을 수도 있고, 다른 편집자들이 예상한 것처럼 냉대를 받았을 수도 있다.

그러나 가장 중요한 사항은 커닝햄이 편견 없이 결정을 내릴 수 있었다는 점이었으며, 이는 그가 다른 경쟁자들의 영향으로부터 자유로웠다는 것을 의미한다.

서로위키의 말처럼, 대중은 특정한 조건 중의 하나인 '영향력으로부터의 자유'라는 조건을 충족하면 개인보다 낫다. 커닝햄은 다른 사람들의 영향 없이 오직 앨리스 뉴턴의 의견에만 바탕을 두고 결정을 내렸다. 그가 결정을 내리기 전에 더 많은 아이들에게 원고를 읽게 하였다면 더 나았을 것이다.

다른 사람의 영향 없이 결정을 내리는 것은 불가능하다. 당신이 어디서 받은 정보이든 거기에는 분명 편견과 영향력이 포함되어 있다. 예를 들어, 쿠알라룸푸르의 흥미로운 장소에 대한 의견을 듣기 위해 소셜 미디어에 글을 쓴다고 가정해보자. 7명의 사람들 모두 '아쿠아리아 KLCC*'가 가보아야 할 곳이라고 말했다.

상황은 이렇게 전개되었을 것이다. 당신이 받은 첫 번째와 두 번째 의견은 아쿠아리아를 제안했다. 다음으로 이어지는 의견은 첫 번째 의견에 의해 왜곡되었을 것이다. 회의에서 처음의 의견이 다른 사람들에게 영향을 미치기 때문에 가장 먼저 목소리를 내는 것이 다수의 목소리가 될 수 있다. 다른 생각을 가진 사람들은 자신의 의견을 혼자만 알고 있거나, 다른 사람의 마음을 다

---

* 5,000여 마리 이상의 바다 생물을 보유하고 있는 세계적 규모의 아쿠아리움.

치게 하고 싶어 하지 않거나, 타인의 의견이 잘못되었다고 생각만 하는 경향이 있다.

만약 여러분의 결정이 외부의 영향으로부터 자유롭다고 생각한다면, 다시 생각해보라. 만약 대다수의 대답이 통찰력 있는 과정의 결과라고 생각한다면, 다시 생각해보라. 대중 또는 다수의 의견이 유의미하려면 대중 안에 있는 각 개인이 서로 영향을 받지 않아야 한다.

4
왜 히틀러의 군대는 기꺼이
대량학살을 저질렀을까?

"사람은 운명의 포로가 아니라

자기 마음의 포로일 뿐이다."

프랭클린 루즈벨트(Franklin Roosevelt)

보통사람의 심리학

제2차 세계대전 때 나치는 600만 명의 유대인, 200만 명의 폴란드인, 300만 명의 소련인, 그리고 그 외 국가의 수십만 명의 사람들을 독가스로 죽였다. 마오쩌둥은 통치기간 동안 잘못된 정책으로 3천만 명의 사람들을 죽였다.

오스만 제국은 한때 아르메니아 대량학살로 알려진 사건에서 150만 명의 아르메니아인들을 학살했다. 후투족은 1994년 아프리카에서 80만 명의 투치족을 죽였다.

중일 전쟁 중에 일본군은 35만 명의 중국인을 학살했다. 중국인은 일본 군대의 훈련 대상이 되었다고 한다. 설상가상으로 8만 명 이상의 여성들이 강간당했다. 강간만 당한 게 아니라 시신까지 훼손당한 것으로 알려졌다.

우리는 때때로 왜 인간이 그런 잔학한 행위를 할 수 있는지 궁금하다. 어떻게 아돌프 히틀러(나치 독일)나 이오시프 스탈린(소련) 같은 독재자를 기꺼이 추종할 수 있었을까? 왜 사람들은 그러한 독재자들의 명령에 따라 기꺼이 살상을 저질렀을까?

1961년, 예일 대학의 스탠리 밀그램(Stanley Milgram)은 권위에 대한 순종을 알아보기 위한 실험을 했다. 이 실험은 매우 유명해져 1963년 『비정상 및 사회심리학 저널』에 발표되었다. 이후 더 깊은 설명과 논의가 이루어졌고, 그 결과는 1974년에 『권위에 대한 복종』이라는 책에 실렸다. 밀그램은 예루살렘에서 아돌프 아이히만의 전범 재판이 열리는 3개월 동안 실험을 했다. 이 실험의 주요 질문은 "아이히만과 홀로코스트의 수백만 공범들이 그저 명령만 따랐던 것인가?"이다. 실험 대상은 20세에서 50세 사이의 남성 40명이었다.

실험 대상은 다양한 배경과 교육 수준에서 선발되었다. 대체로 사무원, 기술자, 교사, 그리고 영업사원이었다. 초등교육만 받은 사람도 있고, 철학 학위가 있는 사람도 있었다.

한 그룹은 '학습자'가 되었고, 또 다른 그룹은 '교사'가 되었다. 권위에 대한 복종을 테스트하기 위한 연구였지만, 실험 대상자들은 이 실험이 학습 과정에서의 처벌 수준을 테스트하기 위한 것이라고만 전해 들었다.

이 실험에서 실험 대상은 '교사들'이다. '학습자'는 실험을 도운 연기자였다. '교사'는 '학습자'가 잘못 답할 경우 전기 충격을 줄 수 있었다. '교사'의 눈에는 전기 충격이 진짜처럼 보였지만, 사실은 그렇지 않았다. '학습자'는 충격을 받은 척했을 뿐이었다.

충격 범위는 15V에서 최대 450V 사이였다. 만약 '교사들'이 이 실험을 중단하고 싶다고 말한다면, 연구원은 그들에게 네 가지 대답만 하도록 되어 있었다.

1. 계속하십시오.
2. 실험을 위해 계속해야 합니다.
3. 계속하는 것이 절대적으로 중요합니다.

4. 다른 선택이 없습니다. 계속해야 합니다.

대신에 '학습자'가 실험 중단을 원한다면, 연구원은 '교사'에게 다음과 같이 명령할 것이다. "학습자가 좋아하든 싫어하든 여러분은 그가 모든 낱말 짝짓기(word pairs)를 정확하게 배울 때까지 계속해야 합니다. 그러니 제발 계속하세요."

만약 '교사'가 실험 중단을 고집한다면, 그의 말대로 실험은 중단될 것이다. '교사'가 최대 450V의 전기 충격을 연속 세 번 투여하면 실험이 자동으로 중단될 것이다.

실험이 시작되기 전 밀그램은 그의 대학에 있는 14명의 심리학과 학생들을 대상으로 100명의 가상교사들 중 몇 명이 오답에 최대 전압을 가할지를 예측하는 설문조사를 했다.

학생들은 '교사' 100명 중 단지 3명만이 최대 전압을 가할 것으로 믿었다. 그러나 결과는 그렇지 않았다. '교사'의 65%가 최대한의 처벌을 하는 것으로 나타났다. 65%는 40명 중 26명을 가리켰는데, 이는 예상과 크게 다른 수치이다.

밀그램은 이 실험을 통해 사람은 어렸을 때부터 동의 없이 누군가를 해치는 것은 잘못된 것이라고 배우지만, 그런 배움을 기꺼이 버릴 수도 있다는 것을 보여주었다.

이 실험은 또한 인간이 명령을 어긴다고 해서 아무것도 잃지 않거나 벌을 받지 않음에도, 권위에 복종한다는 것을 보여준다.

게다가 처벌이 폭력적이고 일어나서는 안 된다고 느꼈을지라도, 실험 대상자는 자신이 누구에 의해서 조종당했다고 느끼지 않는 한 여전히 질서에 복종할 것이고, 그 질서는 합법적이고 도덕적이고 정당한 것으로 간주할 것이다. 반면 조종당했다고 느낀 실험 대상자들은 다른 반응을 보일 것이다.

밀그램은 사회적 상황에서 인간은 두 가지 상태, 즉 자율적 상태와 대리적 상태(agentic state)*에 있게 될 것이라고 암시했다. 자율적 상태는 한 사람이 자신의 의지에 따라 행동하고 그 행동에 책임을 지는 것을 말한다. 대리적 상태는 어떤 사람이 다른 사람의 명령을 받고 그 결과 및 책임은 명령을 내리는 사람에게 있는 경우를 말한다. 행동하는 사람은 다른 사람의 욕구를 충족시키는 대리인 역할을 한다.

밀그램은 사람이 대리적 상태에 들어가려면 두 가지 조건이 충족되어야 한다고 덧붙였다. 첫째, 명령을 내리는 사람은 다른 사람이 확실히 복종할 수 있도록 명령을 내릴 자격이 있는 사람으로 보여야 한다. 둘째, 명령에 복종하는 사람은 권위자가 책임을 질 것이라고 믿어야 한다. 밀그램 실험에서 실험 대상자들이 자신의 행동에 대해 스스로 책임을 져야 할 것으로 아는 경우에는 거의 모든 사람들이 불복종했다.

---

* 능동적으로 주관이나 책임감을 느끼지 않고, 자기 자신을 누군가의 대리인으로 생각하는 상태.

복종의 개념을 추가적으로 테스트하기 위해 밀그램은 변수들을 조작해가면서 실험을 수차례 반복하였다. 실험자들은 같은 과정을 반복했지만, 이번에는 636명의 실험 대상자들이 18개의 다른 실험에 참가했다. 조사 결과 중 하나는 부하들이 명령을 내릴 경우 복종 수준이 20%까지 떨어진다는 것이다. 실험 초반에, 실험자는 전화를 받기 위해 실험실을 떠났다. 그다음, 실험자는 실험복을 입지 않은 평범한 직원으로 대체되었고, 복종 수준은 떨어졌다.

게다가 많은 실험 대상자들이 실험자가 없는 동안 충격 버튼을 누르지 않음으로써 거짓말을 했다. 이 실험은 다른 곳(원래는 예일대)에서도 실시되었다. 그 결과 복종 수준이 47.5%로 떨어졌다. 이것은 위치 상태(location status)가 권위에 대한 복종에도 영향을 줄 수 있음을 시사한다. 또한 한 사람이 권위에 반발하는 것을 본다면 복종은 무너질 수도 있다. 그것이 내부 반란이 일어나는 이유일 것이다.

뤼트허르 브레흐만(Rutger Bregman)에 따르면, 밀그램의 실험은 사람들이 좋은 의도로 한 일이라고 생각했기 때문에 낯선 사람에게 기꺼이 전기 충격을 가할 수 있었다. 한 그룹의 실험 대상자들은 질문을 받았을 때, 과학의 이름으로 기꺼이 그렇게 할 것이라고 말했다. 아돌프 아이히만에 대한 전범 재판에서 심리학자들은 그가 정상이고 어떤 사이코패스적 경향도 나타나지 않는다는 것을 발견했다. 그 조사는 아이히만이 '선의'로 수백만 명의 유대인들을 죽이려고 했다는 것을 발견했다. 그 조사는 여러 번 반복되었고, 도출된 결과는 밀그램의 실험과 일치하는 것으로 밝혀졌다.

유사한 실험 중 하나는 스탠포드 대학의 필립 짐바르도(Philip Zimbardo)에 의해 수행되었다. 이번에는 '간수'와 '죄수'의 상호작용이 있는 실험이었다. 신체와 정신이 건강한 실험 대상자 24명이 선정되었다. 이 실험 대상자들은 전과와 건강상의 문제가 없었다. 그들은 서로 모르는 사이였고, 모든 사람들은 실험에 참여하는 대가로 하루에 15달러를 받았다.

12명은 '죄수'가 되었고 나머지 12명은 '간수'가 되었다. 짐바르도는 감독관이었다. '죄수들'은 다른 범죄자들과 똑같이 취급되어 경고 없이 그들의 집에서 체포되어 경찰서로 이송되었다. 그들은 다른 범죄자들처럼 사진이 찍혔다. 그 '죄수들'은 그 후 스탠포드 대학의 심리학과 지하실로 옮겨졌다.

실험 전에, '간수들'은 실험이 진행되는 동안 '죄수들'에게 신체적 학대나 죄수들에게 음식을 주지 않는 것과 같은 위해를 가하지 말라는 지시를 받았다. 하지만 실험 동안, 짐바르도는 '간수들'에게 '죄수들'이 통제되고 무력하다고 느끼게 하기 위해 공포심을 불어넣도록 명령했다.

첫날에 일어난 중요한 변화는 없었다. 둘째 날, '죄수들'은 반

란을 일으킬 계획을 세웠다. 짐바르도는 폭동을 막기 위해 '간수들'에게 무엇이든 하라고 명령했다.

'간수들'은 '죄수들'에게 폭행을 가하면서 신체적인 상처를 입히기 시작했다. '죄수'를 해치지 말라는 최초의 명령은 포기되었다. 결국, '간수들'은 '죄수들'을 매우 심하게 다루라는 명령을 받았고, 일부 '죄수들'은 옷이 벌거벗겨졌다. 이것은 '죄수들'의 개성을 죽이고 인간성을 없애기 위해 행해졌다.

감옥에서는 정신 이상 현상이 급격히 증가했고, 정신상태는 곧 두박질쳐졌다. '간수'의 1/3은 '죄수'에 대해 가학적인 경향을 가지고 있었다. 실험은 2주 동안 예정되었지만 나중에 짐바르도의 아내가 된 심리학과 학생 크리스티나 마슬락(Christina Maslach)에 의해 6일 후 중단되었다.

짐바르도는 사람은 내부적, 성격적 요인이 아닌 상황적, 주변적 요인에 따라 행동을 바꾼다고 결론 내렸다. 짐바르도는 선한 사람이 악한 사람으로 변하는 것을 '루시퍼 효과'라고 불렀다. 탈인격화는 한 사람이 규범과 주변환경에 침몰되어 자신의 정체성과 책임감을 잃어버린 것을 말한다. 전과가 없고 역할 연기만 했음에도 간수 노릇을 한 실험 대상자가 죄수들을 고문하려 했던 것도 바로 이 때문이다. '간수들'은 그들에게 무슨 일이 일어나고 있는지 깨닫지 못하는 가학 성향이 되었다.

따라서 2차 세계대전에서 일어났던 것처럼 사람들을 불태우고, 죽이고, 살육하는 것을 포함한 명령에 많은 군인들이 복종한다는 명분으로 임무를 수행했던 것은 놀라운 일이 아니다.

그러한 잔학 행위들은 끔찍했고, 군인들은 이것을 깨달았지만, 여전히 잔인한 행동을 계속하였다. 사실 스탠포드 감옥 실험에 근거해 볼 때, 인간은 가학적인 성향이 있고, 잔혹 행위를 저지르는 동안 우월감을 느끼는 것 같다.

스탠포드 감옥 실험을 바탕으로 짐바르도는 '인지 부조화'와 '권위의 힘' 두 가지를 설명한다. 인지 부조화는 상반된 믿음, 생각, 가치관으로 인한 정신적 또는 심리적 압박의 불편한 상태를 말한다. 이것은 어떤 사람이 그의 신념에 반하는 무언가를 할 때 발생한다. 이러한 모순은 개인의 생각과 가치관을 행동에 일치시켜서 행동을 정당화시킨다.

레온 페스팅거(Leon Festinger)*는 그의 책『인지 부조화 이론』에서 인간의 마음이 잘 기능하기 위해서는 항상 안정적이고 일관된 상태에 있어야 한다고 말했다.

인지 부조화를 겪고 있는 사람들은 그들의 마음과 인지상태가 서로 충돌하지 않도록 애써야 할 것이다. 그들은 인지와 행동의 차이점을 줄여 그들의 마음이 즐거운 상태에 있도록 노력해야 한다.

페스팅거는 특정 해에 대홍수가 일어날 것이라고 예언한 종교의 신도를 대상으로 실험을 했다. 하지만 그해가 도래했을 때, 대홍수는 일어나지 않았다.

페스팅거는 신도들을 인터뷰했고, 그들이 여전히 믿음을 고수하고 있다는 것을 알아냈다. 그들은 변명으로 그것을 정당화했다. 즉, 대홍수가 일어나지 않은 이유는 신이 그들의 종교적 의식 덕분에 세상의 종말을 지연시켰기 때문이라는 것이었다.

밀그램의 실험과 스탠포드 감옥 실험의 실험 대상자들에게 나타난 것이 바로 이것이었다. 이 실험 대상자들은 자신들이 한 일이 잘못되었다는 것을 알았지만, 혼란스러운 인지상태를 안정시

---

* 인지부조화 이론, 사회비교 이론, 근접성 효과 등의 개념을 최초로 제시한 미국의 사회심리학자.

키기 위해 결정을 정당화하려고 하였다.

미국 대통령 프랭클린 루즈벨트는 "사람은 운명의 포로가 아니라, 자기 마음의 포로일 뿐이다."라고 말한 적이 있다. 이것은 사람의 마음 상태 때문이다.

이것이 히틀러의 군대가 수백만의 사람을 기꺼이 죽인 이유이며, 또한 일본군이 수십만 명의 적을 기꺼이 죽인 이유이기도 하다.

앨버트 반두라(Albert Bandura)*는 우리가 다른 사람에게 부여하는 낙인(특정 명칭 또는 꼬리표)**과 이미지 때문에 사람이 변할 수 있다고 말했다.

선전을 통해 '적'이라는 낙인이 찍힐 수 있으며, 히틀러, 스탈린, 마오쩌둥도 선전 없이는 그렇게 추종자들을 끌어 모으지 못했을 것이다.

'적'이라는 낙인과 이미지는 '적대적 상상력'이라고 불리는데, 이것은 다른 사람을 적으로 보는 사람들의 마음속에 심어진 심리적인 틀이다. 이 이미지는 대량 살인으로 이어지며, 병사들은 공포와 증오로 살인을 할 준비를 하게 된다. 보통 쓸모없는 이

---

*   사회학습이론으로 가장 유명한 심리학자이다. 캐나다의 앨버타 먼데어에서 출생하였으며, 브리티시 컬럼비아 대학교에서 심리학을 전공하였고, 아이오와 대학교에서 석사와 박사 과정을 거쳤다. 그는 보보인형 실험으로 유명하다.
** 누군가로부터 특정 명칭(label)이 붙여졌을 때 그것이 갖는 고유의 성질과 성격대로 행동하려는 현상을 심리학에서는 '라벨링 효과'라고 함.

이미지는 너무 강력하며, 적의 신념을 위협하는 비인간적인 주제와 결합되어 있다. '질서'를 따르려고 시키는 대로 모든 것을 하는 사람은 이성을 잃고 무모하게 행동하게 될 것이다.

밀그램과 짐바르도의 인기에도 불구하고, 그들의 실험은 실험 윤리와 관련하여 큰 비난을 받았다. 짐바르도는 자신의 방법이 비과학적이고 실험 전체가 가짜일 수 있다는 최악의 평가를 받았다. 밀그램의 실험과는 달리, 짐바르도는 다른 과학자들에 의해 모방되었지만, 그들 중 어느 누구도—결과가 일관되지 않았기 때문에—그와 같은 발견을 하지 못했다.

5
쉽게 조작되는 인간의 기억

"기억은 자유와 마찬가지로 부서지기 쉬운 것임을

우리 모두 명심해야 한다."

엘리자베스 로프터스(Elizabeth Loftus)

2010년 인터넷상에서는 많은 사람들이 넬슨 만델라가 1980년 대에 감옥에서 죽었다고 말했다. 많은 사람들은 이것이 실제로 일어난 일이라고 믿었고, 어떤 사람들은 텔레비전에서 만델라의 장례식 영상을 보았다고 주장할 정도였다.

사실 그는 2013년에 세상을 떠났고, 감옥에서 풀려나 있었다. 피오나 브룸(Fiona Broome)은 이 현상을 설명하기 위해 '만델라 효과'라는 용어를 만들었다. 그녀는 만델라가 1980년대에 감옥에서 죽었다고 말하는 사람들이 수십만 명이었다고 주장했다.

이것이 유일한 예가 아니다. 또 다른 충격적인 것은 어린이 책 『베렌스타인 베어스(The Berenstain Bears)』의 철자이다. 많은 사람들이 철자가 '베렌스타인(Berenstain)'이 아니라 '베렌슈타인(Berenstein)'이라고 믿었지만, 전자가 올바른 철자이다.

하지만 왜 '베렌슈타인'으로 기억할까? 또 1980년대 감옥에서 만델라가 죽었다는 기억이 어떻게 존재할 수 있을까? 또 다른 예는 백설공주 이야기이다. 여왕의 말은 종종 "벽에 있는 거울아, 거울아"라고 잘못 인용되지만 실제 대사는 "벽에 있는 마법의 거울아"이다.

스타워즈 영화에서 다스 베이더(Darth Vader)의 목소리를 연기한 제임스 얼 존스(James Earl Jones)를 비롯하여 많은 사람들이 다스 베이더가 진짜 대사인, "아니야… 난 네 아빠야" 대신에 "루크… 난 네 아빠야"라고 말한 것으로 확신하고 있다. 이외에도 다

른 많은 기이한 현상들이 있다. 그것들 중 가장 놀라운 것은 뉴
질랜드의 위치까지도 바뀐다는 사실이다.

많은 사람들이 이 기이한 현상에 대한 이론을 내놓았다. 브룸
은 과학자가 아니다. 그녀는 과학계에서 받아들여지지 않는 초
자연적 분야를 연구한다. 브룸은 이 현상이 평행 우주와 연관되
어 있다는 이론을 제시했다. 기억의 작은 결함은 컴퓨터 소프트
웨어에서 작은 결함이 발생하는 것과 같은 방식으로 발생한다.

그녀는 우리 세상에서는 만델라가 2013년에 죽었지만, 평행
우주에서는 그의 죽음이 1980년대에 일어났다고 주장한다. 평행
우주에서 그의 죽음을 본 사람이 우리 세상의 어떤 사람과 연결
되어 있다는 것이다.

또 다른 흥미로운 이론은 시간 여행자가 과거 사건을 방해하
여 오늘날의 우리에게 기이한 변화를 일으켰다는 것이다.

심리학자들은 이 현상을 설명하는 데 있어 '만델라 효과'라
는 표현을 쓰지 않는다. 그들은 그것을 '거짓기억증후군(false
memory)'이라고 부른다. 1974년, 캘리포니아 대학의 엘리자베스
로프터스(Elizabeth F. Loftus)와 워싱턴 대학의 존 팔머(John Palmer)
는 기억의 순응성과 언어 사용 사이의 관계에 대한 연구를 진행
하였다.

45명의 학생들이 대상이 되었고, 7개의 교통사고 영상이 상영
되었다. 피험자들은 각각의 영상 속 사고에 대한 질문을 받았다.

가장 핵심적인 질문은 영상 속 자동차들의 속도에 관한 것이었다. 첫 번째 9명의 피험자들은 "자동차들이 접촉사고가 났을 때 대략 어느 정도 속도로 달리고 있었는가?"라는 질문을 받았다.

다른 9명의 피험자들은 똑같은 질문이지만 약간 변형된 질문을 받았다. '접촉'이라는 단어가 '박살난', '충돌한', '부딪친'과 같은 단어로 바뀌었다.

그 결과 각각의 단어는 차의 속도에 관해 상이한 대답을 가져왔다. '박살난'이라는 단어에서 가장 빠른 속도로 대답되었고, '충돌한', '부딪친'이라는 단어가 순서대로 뒤를 이었다. '접촉한'이라는 단어에서 가장 낮은 속도로 나타났다.

이러한 결과는 단어들이 인간의 기억을 바꿀 수 있다는 것을 보여주었다. 로프터스와 팔머에 따르면, 박살났다는 말 자체가 사람들이 사고를 실제로 일어났던 것보다 더 나쁘게 보게 할 수 있다.

그 외에도 단어는 피실험자들로 하여금 존재하지도, 일어나지도 않은 일을 '기억'하게 유도할 수도 있다.

로프터스와 팔머는 더 많은 연구를 진행했다. 이번에는 150명의 피실험자들을 표본으로 삼아, 그들에게 교통사고 영상을 보여준 후 질문을 하였다. 첫 번째 질문은 그 사고가 어떻게 일어났는지 설명하도록 하는 것이었다.

이어 첫 번째 그룹 50명에게 "차들이 박살났을 때 얼마의 속도로 가고 있었느냐"는 질문을 하였다. 다른 50명에게도 똑같은 질문을 던졌는데, '박살난'이라는 표현을 '접촉한'으로 바꾸었다. 반면 나머지 50명에게는 속도에 대해 묻지 않았다. 일주일 후, 그들은 사고 영상에 대해 다시 한번 질문을 받았지만, 그 영상을 다시 시청하지는 않았다. 그들에게 10개의 질문이 던져졌고, 질문의 순서는 무작위였다.

가장 중요한 질문은 "당신은 깨진 유리를 보았나요?"였다. 그리고 피실험자들은 "예" 또는 "아니오"로만 대답하도록 요청받았다. 사실 그 비디오에서 깨진 유리는 없었다.

'박살난' 그룹의 16명, '접촉한' 그룹의 7명, 그리고 속도에 관한 어떤 질문도 받지 못한 그룹의 6명이 "예"라고 대답한 것이 흥미롭다. 다른 그룹보다 '박살난' 그룹에서 더 많은 수가 "예"라고 대답한 것이다.

로프터스와 팔머는 정보가 우리의 기억으로 들어오는 데에는 두 가지 방법이 있다는 것을 보여주었다. 첫째, 사건이 진행되는 것을 보면서 정보를 수집하는 방법이다. 둘째, 초기 정보를 수집한 후에 외부 정보가 추가되는 방법이다.

시간이 지남에 따라 우리는 어떤 정보가 정확한지, 그리고 어떤 정보가 추가된 것인지 확실히 알 수 없다. 우리가 가진 것은 뒤섞인 하나의 기억뿐이다. 로프터스와 팔머는 연구를 바탕으로 피실험자들이 영상을 본 후 그들에게 '추가 정보'로 줄 만한 질문들을 만들어냈다.

피실험자들은 '박살난'이라는 추가 정보가 있을 때 사고가 더 심각하다고 보는 경향이 있었다. 깨진 유리는 '박살난'이라는 단어에 대한 인식을 강화하기 위해 만들어졌다. 많은 유사 실험이 상황을 달리하여 실시되었다. 동일한 것은 단어와 기억 사이의 관계를 찾는 목표였다.

이 연구를 개척한 로프터스는 피해자나 목격자의 가짜 기억과 관련된 형사 사건 분야에서 영향력 있는 심리학자이다.

강간 사건의 용의자로 기소된 워싱턴의 31세 식당 매니저 스티브 타이터스와 관련된 가슴 아픈 사건이 하나 있다. 타이터스는 어느 날 저녁 집으로 돌아오는 길에 체포되었다.

조사 결과 그의 얼굴은 실제 강간범과 비슷해 보였다. 타이터스와 다른 용의자들의 사진을 보여주자 피해자는 타이터스의 사진을 가리키며 "이것이 가장 가깝다"고 말했다. 수사가 더 진행되자 그녀는 "이 남자가 틀림없다"고 말했다.

그러나 결론적으로 이 사건은 타이터스가 실제 범인이 아닌 것으로 판명났다. 그는 자신을 여러 차례 변호했고, 진짜 강간범을 찾기 위해 기자들에게 도움을 요청했다.

나중에 진짜 강간범이 체포되고 타이터스는 풀려났지만, 이 사건은 이미 그의 삶에 심각한 타격을 주었다. 그는 해고되었고 약혼자와의 관계도 파탄 났다. 타이터스는 자신을 고발한 경찰관

들을 상대로 소송을 제기했다.

안타까운 상황에서, 타이터스는 고소인들을 상대로 한 소송 심리가 있던 날 세상을 떠났다. 35세의 나이에 심장마비로 사망한 것이다.

로프터스가 인간의 기억력에 대한 연구를 시작한 것은 바로 이 시기였다. 로프터스에 따르면, 인간의 기억은 녹음기나 비디오가 아니다. 서랍 속에 들어 있는 파일과 달리, 기억은 새로 만들어지고 바뀐다.

어떤 사람이 과거의 일을 회상하려고 할 때, 머리는 그 사람에게 영향을 준 경험과 양상을 바탕으로 기억을 재구성할 것이다. 사람들은 서랍에 있는 파일을 그냥 가져오지 않고, 다시 작성하는 경향이 있다.

따라서 인간의 기억은 항상 오염되어 있고, 쉽게 조작된다. 로프터스는 누군가가 우리에게 무언가를 매우 설득력 있고, 감정적이고, 상세하게 말했다고 해서 그것을 진실의 기준으로 삼아서는 안 된다고 말했다.

보통사람의 심리학

6
다른 사람이 있을 때
도움을 주지 않는 이유는?

"세상은 많은 고통을 겪고 있다.

나쁜 사람들의 폭력 때문이 아니라,

좋은 사람들의 침묵 때문에."

나폴레옹 보나파르트(Napoleon Bonaparte)

당신은 주변에 다른 사람들이 있을 때 어려움에 처한 사람을 돕는 것을 주저했던 적이 있을 것이다. 당신이 붐비는 버스 정류장에 있다고 상상해보자. 마침 길을 건너려는 시각장애인을 보았다. 이런 상황에서, 당신은 그 시각장애인을 돕고 싶을지도 모르지만, 동시에 그를 도울 수 있는 많은 사람들이 주변에 있기 때문에 그럴 필요가 없다고 느낄지도 모른다. 이것을 '방관자 효과'라고 한다.

위키피디아는 한때 기부를 요청한 적이 있다. 당신은 관대한 다른 사람들이 충분히 많을 거라고 생각해서 기부를 거절했을 것이다. 비록 당신이 위키피디아 기부 광고를 혼자 봤다고 하더라도 당신은 위키피디아 기부 광고가 수백만의 다른 사람들에게 노출된다는 것을 알고 있다.

1964년 3월, 당시 28세의 키티 제노비스(Kitty Genovese)에게 가슴 아픈 비극이 닥쳤다. 제노비스는 한 술집에서 밤늦게까지 매니저로 일했는데, 그날 그녀는 그녀의 아파트 주차장에 새벽 3시 15분경 도착했다.

그녀는 집으로 돌아가기 위해 주차장을 지나다가 윈스턴 모즐리(Winston Moseley)로 알려진 살인범에 의해 뒤에서 두 번 찔렸다. 그녀의 이웃들 중 많은 사람들이 그녀의 고통스러운 비명 소리를 들었다.

로버트 모저(Robert Mozer)라는 이웃이 제노비스를 내버려두라고 살인자에게 소리쳤다. 범인은 도망쳤으나 10분 후 다시 돌아와 제노비스를 몇 차례 더 찌른 뒤 그녀를 강간하고 달아났다. 몇 분 후, 이웃 한 명이 경찰에 신고했다. 오전 4시 15분, 그녀는 구급차에 실려 갔지만 병원으로 가는 도중에 사망했다.

이 사건은 뉴욕 신문 1면에 실렸다. 많은 신문들은 37~38명의 목격자들이 사건이 일어나는 동안 경찰에 신고하지 않았다는 것을 강조하는 헤드라인을 실었다. 제노비스가 칼에 찔리는 동안 38명의 목격자들이 방관한 것을 조명하는 잡지들도 있었다.

그녀가 죽었을 때, 경찰에 신고한 이웃은 단 한 명뿐이었다. 사건이 전개되자 연루되고 싶지 않다는 이웃들도 있었다.*

더욱 비극적인 것은 제노비스 살해 10년 후, 25세의 산드라 잘러가 제노비스가 살해된 곳 근처에서 살해당했다는 것이다. 앞의 경우와 유사하게, 많은 이웃들이 이 사건을 목격했지만 아무런 조치도 취하지 않았다.

이 사건은 뉴욕 대학의 존 달리(John Darley)나 컬럼비아 대학의 빕 라테인(Bibb Latane)과 같은 심리학자들의 관심을 끌었다. 달리와 라테인은 제노비스에게 일어난 상황을 설명하기 위해 방관자 무관심 실험을 실시했다.

---

* 제노비스 사건은 언론의 왜곡보도라는 것이 최근의 주장이다. 38명의 목격자 대다수는 바깥을 볼 수 없어 단순히 취객의 주정이라고 생각했다. 과장되기는 했으나 누군가 경찰을 불렀을 것이라고 생각했다는 점에서는 방관자 효과의 사례로서 가치가 있다.

이 실험에서 달리와 라테인은 대학생들을 피실험자로 썼다. 피실험자들은 59명의 여성과 13명의 남성으로 구성되었다. 그들은 자신들의 개인적인 문제에 대한 토론에 참여할 것이라는 말을 들었다.

피실험자들은 각자 다른 방에 따로 배치되었다. 그들은 제공된 마이크를 통해서만 서로 의사소통을 하였다. 주어진 주제는 그들의 대학생활에 관한 것이었다.

각 피실험자는 자신의 차례가 되기 전에 2분 동안 다른 사람의 의견을 들어야 했다. 흥미롭게도 그들이 들은 목소리는 사전에 녹음된 것이었고, 피실험자들은 이를 알지 못했다.

실험은 개별 및 그룹으로 수행되었다. 개인의 경우 각 주제별로 미리 녹음된 한 명의 목소리가 방송되었다. 그룹의 경우 각 피실험자 그룹을 위해 미리 녹음된 여러 명의 음성이 방송되었다.

토론이 진행되는 동안 피실험자들은 도움을 요청하는 외침을 들었다. 녹음된 목소리는 발작을 일으킨 사람의 목소리를 흉내냈다. 그들은 무슨 일이 일어나고 있는지 들을 수만 있었고, 볼 수는 없었다. 여기서 이 연구는 피실험자가 얼마나 빨리 일어나서 도움을 요청하는지, 혹은 스스로 도움을 제공하는지를 측정하여 기록하였다.

그 결과 개별 세션의 피실험자들이 그룹 세션에 비해 더 많이 도움을 구하거나 제공함으로써 능동적으로 반응했다. 개별 세션에서는 피실험자의 85%가 도움을 요청하는 외침을 들은 지 1분도 안 되어 87%의 속도로 도움을 요청했다.

반면에, 그룹 세션에서는 단지 31%의 피실험자들만이 도움을 요청했다. 게다가 그들은 겨우 51%의 속도로 3분이나 걸렸다. 달리와 라테인은 그룹 세션에서 피실험자들을 포함해서 구경꾼들의 숫자를 두 명에서 다섯 명으로 늘리면서 변수를 주었다.

이 실험은 응급 상황에서 구경꾼의 수가 증가함에 따라, 개인이 어려움에 처한 사람에게 도움을 제공할 가능성이 적다는 것을 알아냈다. 다른 구경꾼들이 있음을 보여주는 녹음을 방송했을 때, 도움을 제공하는 피실험자들의 수는 급감했다.

이 사례의 전개는 선형(線形) 형태를 취했다. 구경꾼의 수가 증가할수록 피해자가 받는 도움의 수는 줄어들었다. 이 결과에 기초하여 두 가지 이유가 도출되었다.

첫 번째는 책임의 분산이다. 많은 사람들에게 둘러싸여 있는 상황에서는 개인의 책임감이 줄어들게 된다. 각자 다른 사람이 책임을 지기를 기대한다. 이것이 제노비스 사건에서 일어난 일이다.

두 번째는 다원적 무지(pluralistic ignorance)*의 존재이다. 이것은

---

*   집단 구성원의 과반수가 개인적으로 규범을 거부하지만, 대부분의 사람들이 그 것을 받아들인다고 잘못 추측해서 동의하는 상황.

아무도 돕지 않는 것을 보면, 당신도 도움을 제공할 필요가 없다고 가정한다는 것이다.

혼자 있을 때는 다르다. 비상사태에 대한 인식이 다른 주변인의 영향을 받지 않기 때문에, 우리는 책임감을 가지고 더 빠르게 행동한다.

실험이 끝난 후, 피실험자들의 감정도 연구되었다. 그 결과 도움을 준 사람들이 도움을 주지 않은 사람들보다 더 차분하게 느낀다는 것을 발견하였다.

도움을 주지 않은 사람들은 초조해하며 연구자에게 '피해자'의 상황을 계속 물었다. 그들은 도움을 준 사람보다 더 흥분된 감정을 보였다.

그들은 도움을 주지 못하여 민망함과 죄책감을 느끼기도 하였지만, 다른 한편으로는 도움을 줌으로써 구경꾼들 앞에서 과민 반응하는 바보처럼 비치기도 싫었던 것이다. 구경꾼이 적었다면 갈등을 극복하기가 쉬웠을 테고, 구경꾼이 전혀 없었다면 갈등도 없었을 것이다. 이러한 상황이 발생하면 다음과 같이 제안하고 싶다.

여러분이 피해자이고 정말로 도움이 필요하다면, 올바른 방법으로 도움을 요청하라. 만약 여러분의 차가 도로에서 고장났다면, 바로 다른 운전자들에게 도움을 요청하라. 내심 누군가가 도움을 주기 위해 지나가다가 멈추기를 바라면서, 여러분이 그것을 고치는 방법을 알고 있는 척할 필요는 없다.

도움이 필요하면 요청하라. 그리고 만약 여러분이 도움을 요청하는 누군가의 근처에 있다면 가서 도움을 제공하라.

만약 어려움에 처한 누군가가 도움을 요청하지 않았더라도 도와주도록 노력하라. 다원적 무지는 모든 상황에서 일어난다는 것을 기억하고, 제노비스와 잘러에게 일어났던 일처럼 누군가가 생명을 잃지 않도록 책임감을 가져라.

비극적인 사건은 2011년에도 일어났다. '왕위에'라는 이름의 두 살배기 어린이가 밴에 치였고, 그 자리에 있던 다른 사람들은 아무것도 하지 않았다. 이 사건의 동영상은 소셜 미디어에서 급속도로 퍼져나갔다.

'자신의 일에만 신경 쓰라'는 말레이 속담은 당신이 적극적으로 행동해야 하는 상황에 적용되어서는 안 된다. 만약 인산인해처럼 많은 사람들이 있는 가운데 위급상황이 발생했을 때에는, 다른 사람들이 도와주기를 기대하지 말고 바로 당신이 도움을 주어야 한다. 책임을 분산시키지 말고 짊어져야 한다.

7
정보의 취약함과 믿음의 강인함

"여러분은 정보가 시스템을 어떻게 결합하는지,

그리고 정보가 얼마나 지연, 편향, 분산 또는 누락되어 피드백 고리가

오작동할 수 있는지 확인하였을 것이다."

도넬라 메도우(Donella Meadows)

보통사람의 심리학

여러분은 정치적 성향이 다른 친구와 싸워본 적이 있는가? 정치에 관심이 없다면 적어도 친구들과 축구 경기나 맛집, 혹은 어떤 나라가 복지와 정치 측면에서 최고의 나라인지에 대해서라도 치열한 논쟁을 벌였을 것이다.

그런데 아무리 많은 정보와 증거를 준다고 해도 여러분은 친구의 마음을 바꿀 수 없었을 것이다. 결국 여러분은 '의견 차이를 인정한다'는 것을 결론으로 싸움을 끝내야 했을 것이다.

몇 세기 전, 기계와 공장의 증가는 대량 생산과 더 높은 이윤으로 이어졌다. 게다가 그 기계들은 힘든 노동의 부담도 덜어주었다. 그러나 오늘날, 정보의 홍수는 우리의 마음을 지나치게 몰아붙이고 있다.

소셜 미디어가 등장하기 전인 90년대 사회는 제한된 정보만 받을 수 있었다. 정보는 아침 일찍 구입한 신문과 저녁 8시 텔레비전 뉴스로 한정되었다. 오늘날, 인터넷과 사람들의 문해력은 매일 정보의 홍수로 가는 문을 열어주었다. 우리의 손은 그 정보를 제공하는 휴대폰에 수갑 채워져 있다.

'실시간 인터넷(The Internet in Real Time)' 사이트의 통계에 따르면, 여러분이 이 문장을 읽는 동안에도 100만 기가바이트의 데이터가 인터넷에 업로드되고, 페이스북에는 400만 건의 글이, 트위터에는 500만 건의 트윗이, 인스타그램에는 71만 건의 사진이, 왓츠앱에는 3,300만 건의 메시지가, 구글에는 1,000만 건의 정보가 올라오며, 아울러 3억 2,000만 건의 이메일이 보내진다.

우리는 이 엄청난 정보의 홍수가 사람들로 하여금 올바른 것을 믿게 만들 수 있다고 생각한다. 예를 들어, 과학자는 이 시대의 인터넷의 발전이 인류의 달 착륙을 믿지 않는 사람들의 믿음을 바꿀 수 있다고 생각했을 것이다.

사실, 인류는 이용 가능한 정보의 편재성에 따라 더욱 분열되거나 집단화된다. 어떤 주제에 대해 친구와 싸웠던 기억을 떠올려 보라. 여러분이 친구에게 엄청난 정보와 통계를 제공했음에도 불구하고, 친구는 왜 입장을 바꾸지 않았을까?

찰스 로드(Charles Lord), 리 로스(Lee Ross), 마크 레퍼(Mark Lepper)는 48명의 미국 대학원생들을 대상으로 연구를 실시했다. 학생들은 사형에 동의하거나 반대하는 의견을 내야 했다. 그들은 사형의 효과에 대한 두 가지 과학적 연구 결과물을 받았다. 하나는 사형이 효율적이라는 것을 보여주고, 다른 하나는 효율적이지 않다는 사실을 보여주었다. 사실, 두 개의 과학 연구는 모두 지어낸 것이었다. 하지만 학생들은 통계와 연구가 사실이 아니라는 것을 알지 못했다.

그 결과, 사형제도를 지지하지 않는 학생들은 사형제도의 비효율성을 보여주는 연구가 훌륭하고 상세하다고 말했다. 또한 사형의 효율성을 증명하는 연구는 많은 약점을 가지고 있고, 적절하게 수행되지 않았다고 진술했다. 사형제도를 지지하는 학생들

보통사람의 심리학

도 동일한 태도를 보였다. 그들은 오직 그들의 믿음에 맞는 정보만 받아들이고 지지하였다.

백신 반대 문제가 소셜 미디어에서 뜨겁게 논의되었을 때, 많은 사람들은 백신 찬성파와 반대파의 논쟁으로 백신 반대파들이 그들의 믿음을 어느 정도 포기할 것이라고 생각했다. 우리는 의학 전문가들이 백신 반대론자들에 대항해서 데이터, 통계와 함께 타당한 주장을 할 수 있다는 것을 안다. 우리는 이것이 백신 반대자들이 백신 접종을 하도록 만들기에 충분할 것이라고 생각했다.

하지만 그것은 충분하지 않았다. 우리 입장에서 볼 때, 백신 반대자들이 주장했던 정보나 자료는 의학 전문가들의 정보나 자료에 비해 강력하지 않고 설득력이 없었다. 하지만 자신들의 신념을 뒷받침하는 그들만의 주장이 있기 때문에 설득이 쉽지 않았다. 그들에게 중요한 것은 객관적인 정보가 아니라 그들의 믿음을 뒷받침할 수 있는 정보였다. 정보의 범람으로 믿음을 바꾸기는 오히려 어려워졌다. 정보는 우리를 더욱 분열되게 만들었다.

탈리 샤롯(Tali Sharot), 보바딜라 수아레즈(Bobadilla Suarez), 그리고 캐스 선스타인(Cass Sunstein)의 연구에 따르면, 우리가 한 사람에게 일련의 정보를 줄 때, 그들은 자신의 믿음에 적합한 것만 취하고 일치하지 않는 것은 거부한다.

이것은 사람들이 더 많은 정보에 노출됨에 따라 깊은 분열을 조장하고 양극화를 발생시킨다. 개인의 신념에 반하는 정보를 보여주는 것은 사람들이 자신의 믿음을 확고히 하는 반론을 가지고 돌아오게 할 뿐이다. 이를 '부메랑 효과'라고 한다.

우리는 스포츠나 정치 문제에서 그런 상황과 자주 직면한다. 우리가 어떤 주장을 펼치든, 누군가의 생각이 바뀌기를 기대하는 것은 헛된 일이다. 왜냐하면 그들은 자신의 믿음을 더욱 확고하게 하는 다른 근거들에 의지할 것이기 때문이다. 토론이 길어질 때 토론은 처음 주제에서 멀리 벗어나기도 한다. 이는 우리가 옳다는 것을 강조하기 위해 전혀 생각하지 못한 주장과 정보를 제공했기 때문이다.

구글은 정보를 찾는 데 있어서 가장 인기 있는 검색 엔진이다. 정보에 접근하려는 수고를 덜어주는 것 외에도, 구글은 항상 우리의 믿음을 강화해 주는 우리 편이다. 구글은 우리가 이전에 했던 검색을 기반으로 알고리즘을 처리한다. 구글은 검색 기록을 바탕으로, 항상 우리의 우선순위와 관심분야가 무엇인지를 배운다. 요점은, 구글의 검색 결과는 항상 우리 편을 든다는 것이다.

만약 우리가 지구가 평평하다고 믿는 사람들이라면, 구글은 지구가 평평하다는 것을 가리키는 수많은 정보를 보여줄 것이다. 만약 우리가 백신 맞는 것을 찬성한다면, 구글은 백신이 우리 몸에 좋다는 정보만을 제공할 것이다.

2008년, 오바마 대통령의 출생지가 미국 영토 밖이라는 주장

보통사람의 심리학

의 이메일이 대중에게 유포되어 오바마의 대통령 자격에 대한 논란이 일었다. 이 문제는 오바마가 미국에서 태어났다는 것을 증명하는 출생증명서를 직접 보여줌으로써 인터넷에서 많은 관심을 받았다. 하지만 오바마의 증거는 미련한 사람들의 의견을 바꾸기에 충분하지 않았다.

2010년 오바마는 "뉴 미디어 시대에는 잘못된 정보의 네트워크라는 메커니즘이 끊임없이 쏟아질 수 있다"고 말했다. 이는 잘못된 정보의 유포를 이끈 기술의 확산효과를 언급한 것이다.

정보의 홍수는 사람들의 믿음을 뒷받침하는 정보를 쉽게 얻을 수 있도록 하기 때문에 누군가의 관점이나 믿음을 바꾸는 데 도움이 되지 않을 수 있다. 그럼에도 우리는 분석 능력이 높고 이성적인 사람은 무엇이 옳고 그른지 구별할 수 있다고 믿는다.

미국의 4개 대학이 1,111명의 미국인들을 대상으로 온라인 테스트를 통한 연구를 실시한 적이 있다. 초기 단계에서 그들은 양적 기술과 체계적인 논리를 측정하기 위한 시험을 쳤다. 그런 다음 그들에게 두 세트의 데이터가 주어졌다.

그중 하나는 그들이 발진 치료에 대한 데이터라고 생각한 자료 세트였다. 그들은 주어진 데이터를 기반으로 분석을 수행하여 그 치료가 환자에게 좋은 영향을 미치는지 나쁜 영향을 미치는지 확인하도록 요청받았다. 그 결과 분석 능력이 높은 사용자는 정밀 분석을 수행했다.

두 번째 세트는 여러 도시의 범죄율에 대한 데이터였다. 그들은 지방 당국이 총기 소지를 금지하는 법을 통과시키고 싶다는 말을 들었다. 당국은 이것이 범죄율을 낮추거나 높일 수 있는지 확신하지 못했다. 대중의 총기 소유가 허용되지 않기 때문에 범죄율이 더 낮아질 수도 있었고, 선량한 시민이 더 이상 스스로를 방어할 수 없기 때문에 범죄율이 더 높아질 수도 있었다.

이것을 결정하기 위해 연구원들은 도시를 두 그룹으로 나누었다. 한 그룹은 총기 소지를 금지하는 도시로 구성되었고, 다른 그룹은 그 반대였다. 1,111명의 미국인들은 데이터를 테스트하고 어떤 법이 더 나은지 결정하라는 요청을 받았다. 결과는 총기 규제에 대한 분석이 발진 치료에 대한 분석만큼 좋지 않았다는 것이다. 동일한 숫자에 동일한 통계였는데 왜 이런 일이 일어났을까?

실험에 참가한 미국인들은 발진 치료의 효과와 달리, 총기 규제에 대해서는 개인적인 의견을 가지고 있었다. 따라서 그들은 발진 치료를 분석하는 동안에는 이성적인 생각만 할 수 있었지만, 총기 규제에 대해서는 그렇게 할 수 없었다. 총기 규제에 대한 그들의 개인적인 의견은 그들의 분석 기술과 합리성에 영향을 미쳤다.

좋아하는 이슈를 분석할 때 실수할 수 있다. 우리 안에 항상 존재하는 편견은 우리가 수행하는 분석에 영향을 미친다. 인지 능력이 높을수록, 최종 결과가 우리 편이 되게끔 더 똑똑하게 정보를 조작한다. 우리는 우리 편을 들어주지 않는 모든 정보를 믿을 수 없는 것이라고 간단히 무시하는 경향이 있다. 이러한 태도는 지구의 모양, 달 착륙, 그리고 예방접종과 같은 과학적인 논쟁에서도 관찰된다. 이러한 문제들은 의사나 나사(NASA)를 신뢰할 수 있는지에 대한 문제로까지 비화된다.

8
호기심은 인간의 본성이다

"'호기심'은 알고 싶어 하는 압도적인 욕망으로, 무기체의 특성이 아니다. 또한 그것은 어떤 형태의 살아있는 유기체의 특성도 아닌 것 같다. 바로 그렇기 때문에 단순히 호기심이 많다는 이유로 우리가 살아있다고 간주하기도 어렵다."

아이작 아시모프(Isaac Asimov)

평소에는 전혀 신경쓰지 않았던 사실을 알려주는 웹사이트 링크를 누구나 한 번 정도는 클릭해 봤을 것이다. 아마도 당신은 "일본의 아키히토 천황: 당신이 모르는 10가지"라는 제목의 BBC 뉴스 기사를 천황의 퇴임 후에 쏟아진 뉴스 가운데 접했을 것이다. 당신은 또한 〈어벤져스: 엔드게임〉을 본 후에 "어벤져스: 엔드게임이 대답해야 할 33가지 중요한 질문"이라는 기사를 접했을 수도 있다. 그런데 이전에는 그 내용이 전혀 궁금하지 않았음

에도 불구하고, 아마도 당신은 그 낚시 기사들을 읽고 싶었을 것이다.

호기심은 인간의 본성이다. 낚시 기사를 클릭해서 당신 안에 있는 불확실성을 만족시키고 싶은 충동이 생기는 것이다. 불확실성은 불편한 상태로 이어지고, 지식이나 정보는 불확실성을 제거할 수 있다.

여러분 중 몇몇은 대학생 시절이 있을 것이다. 시험이 끝나면 성적 발표일 전부터 결과를 알고 싶은 조급한 마음이 들었을 것이다. 생각해 보면 결과가 빨리 나오든, 예정된 날짜에 나오든, 성적은 바뀔 수 없다. 열역학의 A 학점은 여전히 A 학점이며, 그것은 더 일찍 알든 나중에 알든 상관없다.

대학 지원서도 마찬가지이다. 만약 당신이 어떤 대학에 합격하게 되었다면, 당신은 결과를 더 빨리 알든 나중에 알든 상관없이 등록할 것이다. 빨리 알고 싶은 충동은 여러분 내면의 타는 듯한 불편함과 불안감에서 비롯된다. 비록 그것을 일찍 아는 것이 여러분에게 아무런 이득이 되지 않을지라도, 여러분은 확실히 그 정보를 알고 난 후에 편안하고 차분해질 것이다.

에단 브롬버그-마틴(Ethan S. Bromberg-Martin)과 오키히데 오카사카(Okihide Okasaka)는 동물의 호기심을 알아보기 위해 원숭이를 대상으로 연구를 실시하였다. 그들은 두 마리의 원숭이, '원숭이 Z'와 '원숭이 V'에게 간단한 결정을 내리도록 하는 훈련을 시켰다. 원숭이들이 결정을 내릴 때마다, 두 가지 모양이 왼쪽과 오른쪽에 나타났다. 원숭이들은 눈의 움직임을 이용하여 두 가지 모양 중 하나를 선택해야 했다.

선택된 모양에 따라 원숭이들은 많은 양의 물이나 적은 양의 물 중 하나를 보상받게 된다. 보상 받기 전, 두 가지 모양이 새롭게 나타난다. 그 모양들 중 하나는 그들이 많은 양의 물을 받을 것인지, 적은 양의 물을 받을 것인지에 대한 정보를 제공했다. 다른 모양은 아무 의미도 없는 무작위의 정보를 제공하였다. 테스트를 할 때마다 모양의 위치는 바뀐다. 만약 원숭이들이 정보를 받기로 결정한다면, 세 번째 모양이 나타나 원숭이들에게 어떤 보상을 받게 될지 미리 보여준다.

그 결과는 놀라웠다. 테스트 내내, '원숭이 Z'는 보상에 대한 정보를 알기 위해 80%의 선택을 하였다. '원숭이 V'는 100%를 기록했다! 보상에 대해 더 빨리 알고자 하는 욕구가 보상을 바꾸지는 않는다. 더 빨리 알든, 늦게 알든, 여전히 같은 양의 물을 받게 되어 있었다.

첫 번째 테스트 후에 몇 가지 후속 테스트가 실시되었고, 연구자들은 원숭이들이 정보를 받기 위해 물을 얻는 원래의 목적을 기꺼이 포기했다고 결론 내렸다. 그들은 보상에 대한 정보를 보상 자체로 여겼다. 원숭이들은 물을 얻는 데 몇 초 미리 알려주는 정보를 알지 못하더라도, 작든 크든 간에 보상을 받을 수 있었다. 그러나 원숭이들은 결과를 빨리 알고 싶어 했다.

분명히 여러분은 배고픈 상태임에도 식사하기 전에 식탁에서 페이스북이나 트위터를 잠시 검색해본 적이 있을 것이다. 왜 그럴까? 그것은 여러분이 소셜 미디어 앱의 정보에 집착하기 때문이다. 여러분은 쓸모없는 정보를 많이 주는 소셜 미디어에 사로잡혀 있기 때문에 여러분 앞에 놓여 있는 정작 해야 할 많은 일들을 미룬다.

반면에, 여러분 중 일부는 시험을 끝낸 후에 평온함을 느낄지도 모른다. 결과가 언제 나오는지 별로 신경 쓰지 않을 수도 있다. 그리고 성적 발표 날이 오면 성적표를 보지 않기로 결정한다. 왜일까?

이것 역시, 연구가 발표되었지만 놀라울 것은 없다. 여러분은 이점이 없더라도 알고 싶은 충동을 느낄 수 있다. 반면, 그 결과를 알고 싶지 않은 사람들은 그 어떠한 불편함도 피하고 싶은 사람들이다.

인간은 정보와 같은 보상을 얻도록 동기 부여를 받을 뿐만 아니라, 정보와 함께 올 수 있는 어떠한 고통도 피하도록 동기 부여를 받는다. 그들은 아마 나쁜 결과를 얻으면서 생기는 어떠한 고통도 받고 싶지 않기 때문에, 시험 결과를 알고 싶어하지 않을 것이다. 어쩌면 당신은 부모 사이의 싸움에 대해 알면서도 고통을 피하기 위해 신경 쓰지 않으려고 할 수도 있다. 당신은 현실을 무시하고 계속 가족이 행복하다고 믿는다.

아마도 여러분이 오랜 기간 동안 약물 남용과 흡연을 했다면 건강 상태가 얼마나 나빠졌는지에 대해 알고 싶지 않을 것이다. 왜냐하면 그 결과를 아는 순간 찾아올 두려움 때문이다. 알지 못하면, 비록 사실이 겉으로 보이는 것과는 다르더라도, 여러분은 자신이 건강하다고 계속해서 믿을 수 있다. 아마도 여러분은 "모르는 것이 약이다"라는 유명한 구절을 들어봤을 것이다. 이것은 모르고 있으면 편안한 삶을 살 수 있다는 것을 의미한다.

정보와 지식은 불확실성으로 인한 불편함을 줄여주지만, 그 정보는 우리가 믿고 싶은 것만을 제공해 줄 수 없다. 여러분이 좋은 결과를 원한다 해도, 정보는 여러분의 욕망에 따라 달라지지 않는다. 만일 나쁜 결과가 나올 확률이 높아 안절부절못하게 될 경우, 여러분은 차라리 모르는 쪽을 택할 것이다.

검사 결과가 예상했던 것과 다르게 나오더라도, 여러분은 해당 정보를 기억에서 삭제할 수 없다. 결과를 모르는 한, 여러분은 긍정으로 가득 차 있을 것이다. 알기를 거부하는 것은, 여러분에게 약간의 긍정감을 유지하는 행복을 줄 수는 있지만, 나쁜 결과를 가져올 수도 있다.

1972년, 버클리 대학의 제임스 애버릴(James Averill)과 미리암 로젠(Miriam Rosenn)은 우리가 무언가를 모르고 있을 때 훨씬 더 행복한지를 알아보는 실험을 했다. 그들은 무작위로 전화를 걸어 남자들 가운데 대학원생인 사람들을 선발하였고, 시간당 2달러를 주는 전기 충격과 관련된 연구를 실시하였다. 최종적으로 총 80명의 학생들이 참여했다.

각각의 학생들은 나무 의자에 앉으라는 요청을 받았다. 전기 충격을 1초간 전달할 수 있는 장비가 그들의 발목에 묶여졌다. 그리고 그들에게는 두 채널 중 하나를 들을 수 있는 헤드폰이 주어졌다. 한 채널은 음악을 재생하고, 다른 채널은 전기충격이 가해지기 몇 초 전에 신호를 보내도록 되어 있었다.

학생들은 하나의 채널만 선택할 수 있었다. 경고신호를 듣는다면 그들은 전기 충격을 피할 수 있는 버튼을 누를 수 있었다. 학생들의 선택 결과는 의외였다. 경고 신호가 유용했음에도 모든 피실험자가 그 채널을 선택하지 않았던 것이다. 그들 중 일부는 전기 충격을 피하지 못함에도 불구하고 자신의 관심을 다른 곳으로 돌리기 위해 음악을 선택했다.

심리적 결과를 보니 음악 채널을 선택한 학생들이 더 안절부절못하고, 심장 박동이 더 빨랐으며, 손에 땀을 흘리고, 호흡이 더 빠른 것을 발견했다. 문제가 발생할 때마다, 특히 가족이나 파트너와의 관계에서 문제가 발생할 때마다, 여러분 중 일부는 다른 일을 함으로써 그 문제를 피하고 싶어 할 것이다. 그러나 아무리 멀리 도망쳐도 그 문제가 당신의 마음을 산만하게 할 것임을 부인하지는 못할 것이다.

이 실험은 사람이 자신에게 이익이 된다면 항상 정보를 원하고 요구한다는 것을 보여준다. 특히 그 정보가 고통을 피하거나 보상을 줄 수 있을 때 더 그렇다. 위험을 피하기 위해 정보를 얻는 것은 전혀 모르는 것보다 위안을 주기 때문이다. 문제가 생겼을 때는 도망가는 것보다 더 깊이 알고 파고드는 게 낫다.

애버릴과 로젠은 회피 버튼을 제거하여 전기 충격을 피할 수 없을 경우 피실험자들의 행동을 파악하기 위한 연구를 추가로 실시했다. 피실험자들은 전기충격을 피할 수 없을지라도 여전히 정보를 받는 것을 선택할까? 다시 말해, 전기 충격이 오는 것을 알든 모르든 그 정보는 그들이 전기충격을 피하는 데 도움이 되지 않는데도 말이다.

연구 결과는 정보를 선택한 피실험자가 음악의 멜로디 뒤에 숨는 것을 선택한 피실험자에 비해 더 차분하다는 것을 보여주었다. 전자가 좀 더 정상적인 심장 박동을 가지고 있었다. 비록 전기 충격을 막을 수는 없을지라도, 언제 충격이 올지 안다는 것이 그들을 더 잘 준비하게 만들었다. 후자는 전기 충격을 기다리며 안절부절못하고, 항상 경계를 풀지 못했다.

따라서 부모의 싸움은 당신의 삶에 영향을 미칠 것이기 때문에, 당신은 부모 사이에 무슨 일이 일어나고 있는지 진실을 알아야 한다. 비록 그것을 아는 것이 약간의 고통을 주지만, 여러분은 다가오는 결과를 더 잘 대비할 수 있다.

9
운전대만 잡으면
딴사람이 되는 이유는?

———

"난폭한 운전자는 난폭한 사람이고, 당신이 운전하는 방식은
바로 당신의 모습이다. 운전은 운전자와 다르다고 말할 수도 있지만,
나는 그 두 가지가 다른 것을 본 적이 없다."

코울 하만선(Cole Harmanson)

———

분명히 당신은 도로에서 형편없는 운전자 뒤에 서 있었던 경험
이 있을 것이다. 이들은 1차선에서 너무 느리게 운전하고, 쉽게
과속을 하고, 깜박이도 켜지 않고 차선을 변경하고, 위험하게 추
월하고, 주차장에 선을 넘어 주차하고, 갑자기 경적을 울리는 등
여러 짜증스러운 행동을 하는 운전자들이다. 당신에게 이 운전
자들은 멍청하고 형편없어 보인다.

2000년, 2003년, 그리고 2013년의 여러 연구에 따르면, 다른

일상 활동에 비해 운전 중 화를 내기가 쉽다고 한다. 통계에 따르면, 여러분 중 대부분이 도로에서 용납할 수 없는 이런 '실수들'을 저지른다. 아마도 당신은 너무 빨리 운전하거나 너무 천천히 운전해서 다른 운전자들을 화나게 했을 것이다. 어쩌면 당신은 밤에 헤드램프를 켜는 것을 잊었거나, 1차선에서 천천히 운전했을 수도 있다. 하지만 당신은 다른 사람에게 화를 내는 것처럼 자신에게 화내지 않는다. 왜일까? 운전자 본인만이 아는 이유가 있기 때문이다. 그리고 그때의 이유는 오직 당신만이 이해한다.

어쩌면 당신의 헤드램프가 고장 났을 수도 있다. 공교롭게도, 당신은 중요한 일 때문에 서두르고 있었을 수도 있다. 아마 당신은 좌회전을 하기 위해 1차선으로 운전하고 있었을지도 모른다. 아니면 회사에 지각해서 과속했을 수도 있다. 이때 당신은 도리어 느린 운전자가 앞을 가로막는 것에 화를 낼지도 모른다.

셸리 테일러(Shelly E. Taylor)에 따르면, 자신을 처벌하지 않는 이러한 이중잣대는 자아를 보호하기 위한 정상적인 것이며, 정신건강에도 좋다. 그것 외에, 이미 언급했듯이, 당신은 그때 어쩔 수 없는 상황 때문에 그렇게 행동했다. 당신은 당신의 운전능력, 충동, 행동의 이유, 그리고 다른 많은 요인들에 대해 잘 알고 있다. 그러나 이러한 요소들은 운전이 서툴고 미숙한 것에 대한 변명이 될 수 없다.

이 주제에 있어서 가장 중요한 질문은 "당신은 다른 운전자도

보통사람의 심리학

운전을 제대로 하지 못하는 이유가 있다는 점을 왜 고려하지 않는가?"이다. 그들 역시 당신처럼 제한속도를 초과하거나, 너무 느리게 운전해야만 하는 상황에 처해 있지 않을까?

2018년에 출판된 대니얼 스텔더(Daniel Stalder)의 과학 논문에 따르면, 이는 '근본귀인오류(fundamental attribution error, FAE)*'라고 불리는 편견에 의해 야기된다. 어떤 사람이 취하는 모든 행동은 그에게 영향을 미치는 사회적 환경이나 상황 때문이 아니라, 그 사람의 성격이나 태도 때문이라는 것이다. 이 용어는 에드워드 존스(Edward Jones)와 빅터 해리스(Victor Harris)가 수년간 수행한 실험을 바탕으로 리 로스(Lee Ros)가 만들었다.

당시 세 차례 실험이 진행되었고, 그 결과는 1967년에 발표되었다. 세 실험의 설계는 동일했다. 피실험자들은 「카스트로의 쿠바」라는 제목의 에세이를 읽도록 요청받았고, 피델 카스트로(당시 쿠바 수상)에 대한 작가의 생각을 보고해야 했다. 반(反) 카스트로와 친(親) 카스트로 관점에서 쓰인 두 개의 에세이가 있었고, 이 에세이는 두 가지 조건에서 쓰였다. 하나는 독립적으로 작성되었고, 다른 하나는 지시에 따라 과제 형식으로 작성되었다. 처음 실험에는 자유 선택과 행동 지시, 두 가지 변수가 적용되었으며 두 번째와 세 번째 실험에서는 다른 변수들이 추가되었다.

---

* '기본적 귀인오류'라고도 함. 사람에 대한 판단을 함에 있어서 모든 외적인 이유들마저 내적인 이유로 돌리는 오류를 말함.

이 실험에서 피실험자들은 작가가 에세이를 독립적으로 썼다고 믿을 때, 친 카스트로 에세이를 쓴 작가는 카스트로에 대해 긍정적인 견해를 가지고 있다고 보고하였다. 그러나 작가가 지시를 따랐다는 사실이 피실험자들에게 밝혀졌을 때, 친 카스트로 에세이가 작가의 의지로 쓴 것이 아니라 외부의 영향으로 쓰인 것을 알았음에도 불구하고, 피실험자들은 여전히 작가가 카스트로에 긍정적인 관점을 가지고 있다고 보고하였다. 피실험자들은 외부 영향을 보지 않았다.

'근본귀인오류'는 많은 조건에서 발생하는데, 특히 다른 사람들을 쉽게 판단할 수 있는 다양한 운전 상황에서 자주 나타난다. 왜 '근본귀인오류'는 운전 중에 쉽게 발생하는가?

첫째로, 운전 중에 화가 날 이유가 많다. 차선을 바꿀 때 너무 빠르거나 너무 느리게 운전하거나 신호를 켜지 않는 운전자, 교통 체증, 트럭들이 무분별하게 차선을 침범하는 것, 너무 오래 걸리는 빨간 신호등, 그리고 그것들이 출근에 장애물이 되기 때문에 화가 난다는 다른 많은 핑계들. 이러한 이유들은 당신이 긴급한 일을 처리하는 데 걸림돌이 된다. 그리고 그것은 당신의 가슴 속에 많은 분노와 실망을 안겨준다.

제임스 에버릴에 따르면, 분노는 기본적으로 남을 탓하는 것이다. 즉, 여러분은 화가 났을 때 다른 사람을 비난하는 경향이 높고, 화가 났을 때 '근본귀인오류'의 편견이 커지게 된다. 그러므

보통사람의 심리학

로 여러분이 가족이나 조직의 누군가와 싸우고, 화가 여러분을 압도할 때, 쉽게 다른 사람들을 비난한다. 자신을 비난하기는 좀처럼 어렵다.

두 번째, 당신은 사람들이 당신이 누구인지 모르기 때문에 쉽게 판단하고 화를 낸다. 당신은 쉽게 화를 내고 비난하지만, 상대방은 당신이 누구인지 전혀 모르기 때문에 당신의 삶은 평소처럼 지속된다. 만약 당신이 간단한 상황을 상상하고 싶다면, 소셜 미디어 속의 군중과 현실 세계 집단의 차이를 떠올려보기 바란다.

현실에서는 다른 사람이 당신 앞에서 실수를 하더라도 가만히 있는 경향이 있다. 당신은 눈앞에서 싸우는 커플을 거의 쳐다보지 않는다. 주변에 다른 사람이 있을 때 곤경에 처한 사람도 대부분 도와주지 않는다. 이것은 앞서 말한 방관자 효과이다.

소셜 미디어는 어떠한가? 그것은 완전히 다른 상황이다. 한 커플이 싸우는 영상을 보고 있다면 동영상 속 커플에게 비난의 댓글을 남기고 싶어 손가락이 근질근질할 것이다. 소셜 미디어에서 실수하는 것이 포착되면, 많은 사람들이 쉽게 무언가를 말할 것이다. 왜 그럴까? 소셜 미디어에서는 자신의 신분을 숨길 수 있기 때문이다. 자신의 이름과 몇 가지 정보를 페이스북에 올릴 수 있지만, 신체적인 상호 작용은 하지 않는다.

소셜 미디어에서 당신은 어떤 행동을 해도 안전하다고 느낀다.

그것은 운전도 마찬가지다. 당신은 다른 운전자들에게 화를 낸다. 그들이 당신의 말을 한 마디도 듣지 못함에도 불구하고, 당신의 몸짓 언어(바디 랭귀지)는 당신이 화난 것을 보여줄 수 있을 만큼 충분히 크다. 당신도 그것을 알고 있지만, 그들은 당신이 누구인지 모르기 때문에 신경 쓰지 않는다.

타인에게 낯선 사람이 되는 것은 무책임으로 이어질 수 있다. 연구에 따르면 '책임을 지는 것'은 '근본귀인오류' 편향을 감소시킨다. 그러므로 소셜 미디어에서는 숨겨진 정체 덕분에 책임감이 떨어져 많은 사람들이 자신의 생각을 말하고, 다른 사람을 비난할 수 있다. 운전도 마찬가지이다. 여러분은 자신의 행동에 책임을 질 필요가 없다는 것을 알기 때문에 쉽게 다른 사람들을 판단하고 화를 낸다. 그러나 삶은 모든 욕설과 저주가 끝난 후에도 평소와 같이 계속된다.

'근본귀인오류' 편향이 당신을 쉽게 지배할 수 있는 최종적인 이유는 당신이 항상 이 세상의 평균적인 사람보다 낫다고 생각하는 낙관주의 편견 때문이다. 운전의 경우, 자신은 항상 좋은 운전자이고 나머지 다른 사람들은 모두 나쁜 운전자라고 생각한다. 그러므로 어떤 경우든, 당신은 당신이 운전을 충분히 잘한다고 생각하기 때문에 다른 사람을 쉽게 비난하는 경향이 있다.

10
자기 우월성의 환상

"세상 모든 문제의 원인은
바보와 광신도는 항상 자신을 확신하고
현명한 사람은 의심으로 가득 차 있다는 것이다."

버트런드 러셀(Bertrand Russell)

사적이거나 공적인 여러 모임에서 당신은 자신의 잠재력에 대해 어떻게 생각하는가? 혼자 있을 때는 어떤 생각이 드는가? 대부분의 사람들은 비범해지고 싶어 한다. 당신은 다른 사람과 다르길 원한다. 그렇다면 당신의 잠재력과 비교해서 다른 사람들의 잠재력은 어떠한가? 사람들은 항상 자신의 잠재력과 다른 사람의 잠재력에 대해 잘못된 가정을 한다는 것을 알고 있는가?

1955년, 틸버그 대학의 베라 후렌스(Vera Hoorens)는 고등학생 92명을 대상으로 연구를 수행하였다. 이 연구를 위해 후렌스는 학생들에게 17개의 긍정적인 특징과 17개의 부정적인 특징에 기초하여 자신을 다른 사람과 비교해 보도록 했다.

후렌스는 학생들이 또래의 평균보다 자신의 성격이 더 낫다고 믿는 것을 발견했다. 학생들은 자신의 긍정적인 성격은 더 높게, 부정적인 성격은 더 낮게 평가하였다.

후렌스의 발견은 타인을 자신과 비교하는 것에 비해(타인 대 자신), 자신을 타인과 비교할 때(자신 대 타인) 자신의 우월성에 대한 환상을 더 많이 가짐을 보여준다. 후자는 자신에 대해 얘기를 하고 다른 사람과 비교하는 것이고, 전자는 다른 사람에 대한 이야기를 나눈 다음 자신과 비교하는 것이다.

후렌스가 논문에서 언급한 환상적 우월성은 당신이 스스로에 대해 말하고 다른 사람과 비교할 때 나타나는 것이다. 이 심리적 효과는 다른 사람에 대해 이야기하고 나서 자신과 비교할 때에는 나타나지 않거나 나타날 가능성이 낮다. 당신은 다른 사람에 대해 이야기할 때 더 현실적이 된다.

아마도 당신은 분노, 성급함, 부주의함, 느림 같은 부정적인 특징과 연결될 때, 별로 좋아하지 않을 것이다. 그러한 성격이 당신을 지배하고 있을지라도 당신은 이 사실을 받아들이기가 부끄럽다. 당신은 자신이 동료들 사이에서 더 나은 특성을 가지고 있다고 생각하는 경향이 있을 것이다. 그러나 여러분은 친구의 성격에 대해 이야기할 때 더 겸손해질 것이고, 스스로 뽐내지 않을 것이다.

우월감에 대한 환상은 여러분의 미래, 기술, 그리고 성격이 누구보다 낫다고 믿게 만들 수 있다. 이것의 효과는 인지 능력, 자기 잠재력, 건강 상태, 그리고 운전 능력과 같은 특정한 측면에서 볼 수 있다.

아이큐(IQ)와 같은 인지 능력은 환상적 우월성 효과를 가장 쉽게 볼 수 있는 예이다. 나만 정답을 맞췄다고 느낄 수도 있고, 내가 가장 똑똑한 사람들 중 하나라고 생각할 수도 있다.

다우닝 효과는 아이큐가 낮은 사람이 더 높은 아이큐를 가지고 있다고 생각함을 이르는 용어이다. 아이큐가 70인 사람은 자신의 아이큐가 140이라고 생각할 것이다. 이 발견은 C. L. 다우닝(C. L. Downing)의 연구 결과이다. 다우닝 효과는 우월성 환상의 일부이다.

이런 타입의 사람은 "나는 너보다 똑똑해"라고 말한다. 반면에 높은 아이큐를 가진 사람들은 자신의 아이큐를 낮게 생각하는 경향이 있다. 그들은 같은 아이큐를 가진 사람들을 자신보다 더 높이 평가할 것이다. 소크라테스의 말처럼 "진정한 지혜는 아무것도 모른다는 것을 아는 것이다."

1999년, 데이비드 더닝(David Dunning)과 저스틴 크루거(Justin Kruger)는 코넬 대학교 학생 45명을 대상으로 4개의 연구를 수행했다. 각 연구에서 학생들은 자신의 유머 감각(스터디 1), 추리력(스터디 2와 4), 그리고 영어 문법 능력(스터디 3)을 추측하도록 요구 받았다.

더닝과 크루거는 일반적으로 학생들이 자신의 능력과 역량을 과대평가한다는 것을 발견하였다. 게다가 그들은 특정한 일에 능숙하지 않은 사람들이 오히려 자신의 무능력을 보지 못하는 경향이 있음을 발견하였다. 이것을 더닝-크루거 효과(The Dunning-Kruger Effect)라고 한다. 이 효과는 무지할수록 더 똑똑하다고 생각하고, 그로 인해 더 많은 실수를 저지를 수 있다고 말한다.

더닝과 크루거는 그 이유가 우리의 능력을 무디게 하는 자아(ego) 때문은 아니라고 말했다. 오히려 지식과 기술의 부족이 우리가 무지하다는 것을 깨닫지 못하게 한다.

C. L. 다우닝의 연구처럼, 더닝과 크루거는 유능하고 지식이 풍

부한 사람들이 자신의 기술과 능력을 의심한다는 사실을 발견했다. 사실, 유능한 사람들은 다른 사람도 자신만큼 지식이 풍부하지만 이를 깨닫지 못하는 것이라고 가정한다. 더닝과 크루거는 "무능한 사람의 잘못된 측정은 자신에 대한 오류에서 비롯되는 반면, 매우 유능한 사람의 잘못된 측정은 타인에 대한 오류에서 비롯된다"고 한다.

사람들이 자신의 아이큐가 평균보다 높다고 생각한다는 연구가 1977년에 있었다. 평범한 사람에게 더닝-크루거 효과가 나타나는 것은 사실이다. 그러나 미시간 대학의 리차드 네스빗(Richard Nesbitt)은 높은 아이큐는 성공의 척도가 아니라 의지력과 호기심의 척도라고 말했다. 심지어 아이큐가 높은 사람도 의지가 없다면 새로운 생각을 떠올리기 위해 아이큐를 사용하지 않을 것이다. 만약 당신이 사회 구성원 중에서 똑똑한 편에 속한다고 생각한다면 다시 생각해보기 바란다.

1980년에 이루어진 닐 와인스타인(Neil D. Weinstein)의 또 다른 연구에는 1,258명의 대학생들이 참여하였다. 그들은 42개의 상황과 사건에서 자신의 미래를 예측하도록 요청받았다. 그런 다음 동료들과 비교했다. 이 42가지 상황에는 집을 소유하거나 높은 소득과 같은 18가지 긍정적인 사건과 해고, 이혼, 암 진단 같은 부정적인 24가지 사건이 있었다.

와인스타인은 학생들이 긍정적인 사건에 높은 희망을 갖고 있음을 발견했다. 그들은 많은 수입, 큰 집, 뉴스에 나오는 것 등 긍정적인 사건들의 기회를 기대하였다. 그들은 그런 기회에 대한 가능성을 평균 이상으로 두었다.

부정적인 사건의 경우, 그들은 가능성을 평균보다 낮게 매겼다. 그들은 암 진단을 받거나 이혼을 하는 것 같은 부정적인 문제에 직면할 위험성을 낮게 평가했다.

이러한 심리 효과를 '비현실적 낙관주의'라고 한다. 이 문제에 대해 탈리 샤롯(Tali Sharot)은 우리는 자신에 대해서는 낙관적이지만 동료나 나라의 미래에 대해서는 비관적이라고 말했다. 사고가 나지 않을 것이라는 생각에 안전벨트를 매지 않는 경우가 많은데, 그 뒷배경에는 이런 심리적 영향이 있다. 금연운동 등과 같은 예방 캠페인이 성공하지 못하는 이유이기도 하다.

이러한 연구를 통해 몇 가지 용어에 대한 정의를 내릴 수 있다.

1. 우월감에 대한 환상—개인은 자신의 삶이 실제보다 훨씬 더 낫다고 생각하고, 다른 사람의 삶보다 낫다고 생각한다.
2. 다우닝 효과—아이큐가 낮은 사람은 자신이 높은 아이큐를 가지고 있다고 생각하는 경향이 있다.
3. 더닝-크루거 효과—무지한 사람은 자신이 지적이라고 생각하고, 지적인 사람은 자신이 무지하다고 생각한다.

11
죽음과 관계없는 것들에
공포증이 생기는 이유는?

"사실, 그것은 통제력의 문제였습니다.

나는 나의 안전지대를 벗어날 때마다

죽을 것 같았습니다."

조셉 맥긴티 니콜(Joseph McGinty Nichol)

세계보건기구(WHO)에 따르면 2016년 세계적으로 무려 5,960만 명의 사망자가 발생했으며, 이 중 절반 이상(55%)이 15년간 세계 사망률의 주요 원인인 심장마비와 뇌졸중으로 인한 것으로 나타났다. 그 뒤를 이어 300만 명의 사망자를 낳은 만성 폐질환, 하부 호흡기 감염(280만 명), 알츠하이머(220만 명), 폐암(200만 명), 당뇨병(160만 명), 교통사고(240만 명), 설사(140만 명), 마른기침(130만 명) 등이 주요 사망 원인이었다.

여러분도 이것에 대해 어느 정도 알고 있을 것이다. 그리고 이러한 질병의 원인에 노출되어 있다. 과도한 당 섭취는 당뇨병으로 인한 위험을 증가시킨다. 부주의, 과속 및 안전벨트 미착용은 교통사고로 이어진다. 하지만 여러분 중 일부는 이러한 요인에 대해 별로 생각하지 않을 수도 있다. 심지어 이러한 요소들로부터 자신을 지키려고 노력하지 않는다. 세계적인 주요 질병들을 두려워하지도 않는다. 더 충격적인 것은 오히려 사람들은 죽음과 거의 관계없는 것들을 두려워한다는 사실이다.

공포증에 관한 웹사이트(Fearof.net: 혐오스러운 것과 무서운 것의 목록)에 따르면, 거미 공포증(아라크노포비아)이 미국 인구 중 30.5%를 차지하여 1위이다. 뱀 공포증, 고소 공포증, 광장 공포증, 개 공포증, 천둥 공포증, 폐쇄 공포증, 불결 공포증(결벽증),

보통사람의 심리학

비행 공포증, 환(環) 공포증* 등이 뒤를 이었다. 열 가지 공포증 모두 사망 원인 1위와 연결되지 않는다. 불결한 것에 대한 공포는 사소한 연관성이 있을 수 있지만 그럼에도 불구하고 8위에 올라 있다.

조셉 맥긴티 니콜은 할리우드 리포터와의 인터뷰에서 "당시 앨런 혼과 배리 마이어에게 '저는 비행기 타기가 정말 무서워요'라고 말하려 했다"고 말했다. 맥긴티 니콜은 워너 브라더스와 슈퍼맨 영화 감독 계약을 맺었고, 호주에서 영화 촬영을 할 예정이었다. 2004년 7월, 맥긴티 니콜은 버뱅크 공항 밖에 있는 자신의 차에 앉아 있었다. 개인 제트기가 그를 시드니로 태우고 가기 위해 기다리고 있었다. 맥긴티 니콜은 촬영을 기대했고, 그에 대한 준비가 되어 있었다. 전년도에 그는 영화의 스토리보드와 컨셉 아트를 완성했다. 워너는 2천만 달러를 투자했고 출연진과 제작에 참여한 1,000명 이상의 사람들이 도착했다. 그러나 불행하게도 그는 비행에 대한 두려움에 압도당해 비행기에 탑승할 수 없었다.

당시 워너 브라더스 CEO인 배리 마이어를 포함해 많은 사람들이 그에게 비행기를 타라고 설득했다. 그들은 모든 것이 잘될 것이며, 걱정할 필요가 없다고 맥긴티 니콜을 설득했다. 맥

---

* 여러 개의 작은 구멍이 뭉쳐 있는 것을 보고 느끼는 혐오감이나 강한 공포감

긴티는 결코 이 영화를 가볍게 여기지 않았다. 사실, 그는 매우 흥분했고 이 영화가 그의 큰 성공작 중 하나가 될 것이라고 생각했다.

"사실, 그것은 통제력의 문제였습니다. 나는 나의 안전지대를 벗어날 때마다 죽을 것 같았습니다"라고 맥긴티 니콜은 뉴욕 그래머시 파크호텔에서 비행 공포증에 대해 이야기하면서 말했다.

그는 심지어 비행과 관련된 사망률이 낮다는 통계도 제공받았다. 실제로 그가 공항에서 돌아오는 길에 교통사고를 당할 확률이 시드니행 비행기에서 사고가 날 확률보다 더 높다.

2016년 한 해 동안 말레이시아에서는 7,152명이 도로에서 사망했으나, 항공 사고로 인한 사망자는 한 명도 없었다. 2017년에는 항공 사고로 인한 사망자가 단 한 명뿐이었던 반면, 도로에서는 6,740명이 사망했다. 블룸버그에 따르면 2018년까지 3년 동안 미국에서는 교통사고로 4만여 명이 목숨을 잃었다. 세계보건기구(WHO)에 따르면 전 세계적으로 2013년 한 해 동안 125만명이 도로에서 사망했으나 항공사고로 인한 사망자는 265명에 불과했다.

맥긴티 니콜은 설명을 들은 후 통계에 대해 명확히 알게 되었지만, 그가 말했듯이 이것은 통제력과 관련된 것이었다. 인간은 자신이 통제할 수 없는 것을 두려워한다. 공포는 감정에서 생겨나고, 사실과 통계는 감정을 통제하기 어렵다. 통계자료를 빤히

보통사람의 심리학

쳐다보는 것만으로는 불안을 완화시킬 수 없다.

고소공포증이 있다면 1층이 보이는 4층 유리바닥에서 몸이 떨릴 수 있다. 아무도 무서워하지 않기 때문에 당신이 완벽하게 안전하다는 것을 깨닫더라도, 두려움은 여전히 남아 있다. 당신의 안전과 상관없이 공포감은 길들이기가 어렵다.

무엇인가에 대한 두려움은 인간이 조상으로부터 물려받은 유전적인 요인이다. 탁 트인 공간을 두려워하는 사람은 탁 트인 공간에서 맹수에게 쉽게 잡아먹혔던 조상과 연결되어 있다. 그러나 이것이 인간의 두려움을 완전히 설명하지는 못한다.

높은 빌딩에 서 있을 때, 건물이 무너지지 않도록 통제할 수 있기를 바라지만 그것은 당신의 통제 밖에 있어서 건물이 무너질지도 모르는 두려움 때문에 침착할 수가 없다. 비행기에 탑승할 때는 비행기가 항상 안전한 상태로 유지되기를 바란다. 그러나 번개는 인간이 통제할 수 없는 것이며, 당신을 죽일 수도 있다. 거미, 뱀, 그리고 공간은 여러분의 통제 영역 밖에 있다. 모든 공포증이 어떤 것을 통제할 수 없는 데서 오는 것은 아니지만, 분명한 것은 당신이 통제할 수 없는 것을 두려워한다는 사실이다.

권총이나 식습관을 포함하여 오토바이나 자동차 같은 차량들은 당신이 통제할 수 있다고 느끼는 것들이지만, 실제로는 당신이 통제할 수 없는 것들에 비해 더 많은 사망자를 초래한다. 통제할 수 있는 플라스틱 쓰레기는 통제할 수 없는 상어보다 더 많은 생물을 죽인다.

통제를 이해하면 통제의 힘이 인간의 행동을 어떻게 변화시키는지에 대한 통찰력을 얻을 수 있다. 말레이시아 정부가 상품 및 서비스세(Goods and Services Tax)를 도입했을 때 많은 사람들은 이 제도에 불만을 표시했다. 그 돈이 어디에 쓰이는지 알 수 없었기 때문이다. 설령 당신이 서비스세나 다른 세금 제도의 이점을 안다고 해도, 여전히 그것을 지불하는 것에 유보적일 것이다. 하지만 매일 기부함에 약간의 현금을 넣는 것은 개의치 않는다. 자선 단체에 자발적으로 기부하고 있을 수도 있다.

공포와 통제라는 개념으로 돌아가면, 사람들이 세금을 어떻게 관리하는지 모르기 때문에 세금 납부를 좋아하지 않는다는 것을 알 수 있다. 당신은 세금이 어떻게 쓰이는지 감시할 수 없다. 이것은 기부와는 다르다. 종교 단체에 기부하면 돈이 어디로 가는지 알 수 있고 만족을 느낀다. 당신은 종교 단체가 그 돈으로 공과금을 내든, 새 카펫을 구입하든, 건물을 증축하든, 오디오 시스템을 수리하는 데 쓰든 상관하지 않는다. 왜냐하면 이 모든 것은 종교 단체를 위한 것이기 때문이다. 어쩌면 당신은 야시장의 걸인을 보고, 그들이 조합원의 일원이라고 의심하면서 당신의 돈이 어떻게 쓰일지 몰라 동냥을 거부했을 수도 있다.

램버튼(C. P. Lamberton), 드 네브(J. E. De Neve), 노튼(M. I. Norton)은 하버드 대학교에서 세금에 대한 연구를 수행했다. 이 실험의 대상으로 참여한 학생들은 다양한 인테리어 디자인을 평가해 달라는 요청을 받았다. 참가자들에게는 참가비로 10달러가 주어졌고, '실험실세'로 3달러를 내라는 요구를 받았다.

그들은 세금을 봉투에 넣고 떠나기 전에 연구원들에게 제출해야 했다. 그렇지만 세금으로 채워져야 할 봉투의 절반 이상이 채워지지 않았다. 그들은 '실험실세'를 3달러보다 적게 내거나 아예 빈 봉투를 제출했다. 실험 대상자의 절반이 '실험실세'에 만족하지 않았던 것이다.

또 다른 그룹의 학생들은 연구원들로부터 실험실세가 어떻게 사용되면 좋겠는지 조언하거나 제안할 수 있다는 말을 들었다. 그 결과 70%에 달하는 학생들이 세금을 낼 의향이 있는 것으로 나타났는데, 이는 20%가 증가한 수치이다. 현실에서 이를 세금 납부 방식으로 도입한다면 고무적인 결과가 나올 것이다. 그 변화는 매우 의미가 있다.

연구자들은 더 광범위하고 다양한 테스트를 포함한 추가 연구를 수행했다. 온라인 테스트가 실시되었고, 참가자들에게 세금이 어떻게 쓰였는지 알 수 있는 기회가 주어졌다. 마지막으로, 그들에게 세율을 낮출 수 있는 기회가 주어지면 어떨지 상상해보라고 요청했다.

세금에 대해 발언할 기회가 주어지지 않았던 피험자 그룹의 70%는 세율을 인하하고 싶다고 말했다. 반면, 목소리를 낼 기회가 주어졌던 그룹에서는 세율을 인하하고 싶다고 밝힌 사람이 절반도 되지 않았다.

이 연구는 사람들에게 통제권이나 자율권을 줌으로써 그들의 행동을 변화시키고 규칙을 준수하게 할 수 있다는 것을 증명한다. 자율성을 뺏을수록 행동을 통제하고 변화시키기가 어려워진다. 사람들을 아무것도 모르는 것보다 무언가를 통제할 수 있을 때 더 행복하고 만족감을 느낀다.

12
우리는 왜 과소비를 하는가?

"조금만 덜 사세요. 신중하게 선택하세요."

비비안 웨스트우드(Vivienne Westwood)

에콰도르의 추정 인구가 약 6천만 명이라는 것을 알고 있는가? 에콰도르의 정확한 인구는 몇 명인지 추측해 보라. 다음 논의를 위해 한 번 추측해보기 바란다.

테스코(Tesco)가 세일한다고 연유 아홉 캔을 한꺼번에 사본 적이 있는가? 꼭 필요해서 샀는가, 아니면 세일해서 샀는가?

지난 주말 코튼 온(Cotton On)은 청바지 "원 플러스 원" 세일을 하고 있었다. 당신은 옷장에 이미 청바지가 몇 개 있다. 사실, 그 중 일부는 여전히 새것이고 거의 입지 않았다. 하지만 그 세일을 보고는 두 번 생각하지 않고 카운터에서 계산했다. 당신은 싸게 잘 샀다고 느끼는가, 아니면 마케팅의 희생양이 되었다고 느끼는가?

일상생활에서 당신은 항상 계산이나 생각을 통해 결정을 내린다. 그러나 모든 계산과 결정이 합리적인 것은 아니다. 편향된 정보와 신념에 따라 실수를 저지르는 경향이 있기 때문이다. 이런 실수를 '인지 편향'이라고 한다.

사업을 확장하기 위해 자주 사용되는 인지 편향 중 하나는 앵커 효과다. 이것은 결정을 내릴 때, 처음 받은 정보에 편향되는 경향이 있는 심리적 효과를 말한다.

당신은 의사 결정의 근간으로 최소한의 데이터와 정보를 사용하는 경향이 있다. 앵커 효과를 증명한 연구 중의 하나인 '불확실성 하에서의 판단: 발견적 교수법과 편향'은 1974년에 돌림판을 사용하여 수행되었다.

숫자 1에서 100까지 적힌 돌림판을 돌린 뒤, 실험 대상자들에게 유엔 회원국 중 아프리카 회원국의 비율이 돌림판에 적힌 숫자보다 높은지 물었다. 이 연구에서 돌림판의 화살표가 10에서 멈췄을 때 피실험자들이 말한 유엔 회원국 중 아프리카 회원국의 비율은 평균 25%였다.

한편, 화살표가 60에서 멈췄을 때, 평균 비율은 45%였다. 이는 돌림판의 숫자들이 정답과 전혀 관련 없고 정답이 아닐지라도 숫자와 멀지 않은 곳에서 추정치를 내놓는 경향이 있다는 것을 보여준다.

앵커 효과는 보통 마케팅 속임수에 사용된다. 특히 대규모 판촉 행사를 진행하는 연말 세일에서 종종 볼 수 있다. 소비자들은 원래 가격 대비 표시된 할인 금액만 보는 경향이 있다. 그들은 보통 할인이 70%가 되면 오래 생각하지 않고 구매한다.

정가가 7만 원인 신발 한 켤레가 70% 할인된 후 2만 천원이 되었을 때, 구매자들은 가격이 정말 7만 원인지, 그리고 그 신발이 고품질의 재료로 만들어졌는지 살피기보다는 많은 돈을 절약할 수 있다는 사실에 흥분할 것이다.

그 외에 숫자 9도 앵커 효과를 이끌어낸다. 매사추세츠 공과대학교와 시카고 대학교는 여성복의 가격을 34달러, 39달러, 44달러로 책정하여 실험을 실시했다.

연구자들은 34달러짜리 옷이 가장 많이 팔릴 것이라고 예측했다. 하지만 39달러짜리 옷이 베스트셀러가 되었다.

이것이 바로 많은 슈퍼마켓들이 가격을 3900원 또는 4900원으로 정하는 이유이다. 그것은 가격의 버림이다.

연구에 따르면 대부분의 구매자들은 가격의 숫자를 버림 한다. 3900원은 4000원이 아닌 3000원으로 생각된다. 왼쪽 첫 번째 자리부터 숫자를 읽기 때문에 3900원을 3000원으로 보는 경향이 있다.

면접에서는 기대 연봉을 먼저 말하는 것이 바람직하다. 급여

마저 앵커 효과를 벗어나지 못하기 때문이다. 토드 토스타인슨 (Todd Thorsteinson)은 첫 번째 금액이 높게 설정되었을 때 마지막 금액이 더 높아지는 경향이 있다고 말했다. 그러므로 고용주와 연봉에 대해 논의할 때 당신의 예상 연봉을 먼저 말하라. 가능한 한 고도로 논리적으로 진술해야 한다.

처음에 던진 질문을 기억하는가? 만약 당신의 대답이 6천만 이상이거나 이와 근접한 숫자라면 당신 역시 앵커 효과의 영향을 받는 것이다. 에콰도르의 인구는 1,600만 명이다.

앵커 효과의 손아귀에서 어떻게 벗어날 수 있을까? 글쎄, 여러분의 마음은 항상 최소한의 편견을 가지고 무언가를 보는 경향이 있기 때문에 효과적인 방법은 없다.

그럼에도 불구하고, 통장에 구멍을 내지 않는 한 가지 방법은 세일이 있을 때 카드를 긁지 않고 필요할 때만 쓰는 것이다. 소비하기 전에 좀 더 생각해 보는 것이 좋다. 구매하기 전에 정말 필요한 것이 무엇인지를 먼저 생각하라.

최고의 절약은 70% 할인된 상품을 사는 것도, 전혀 구매하지 않는 것도 아니다. 최고의 절약은 당신이 원하는 물건보다 필요한 물건의 우선순위를 정하는 것이다.

13
사실 우리는 낯선 사람을 믿는다

"사랑은 낯선 사람들 사이에 상호 신뢰를 가능하게 한다."

토바 메타 (Toba Meta)

여러분이 계속해서 듣는 부모님의 조언 중 가장 중요한 하나는 "낯선 사람과 말하지 말고, 낯선 사람을 따라가지 말고, 낯선 사람이 주는 어떤 것도 받지 말아라"이다. 하지만 여러분이 깨닫든 아니든, 여러분은 모르는 사람을 믿지 말아야 한다고 굳게 믿고 있음에도 불구하고 항상 낯선 사람을 신뢰한다.

당신은 식당 종업원이 처음 보는 낯선 사람일지라도 당신이 주문한 음식을 가져다 줄 것이라고 믿는다. 종업원 역시 당신을 모르기 때문에 당신을 믿지는 않지만, 당신이 음식 값을 지불할 것을 믿고 주문을 이행한다.

옷을 재단할 때도 마찬가지이다. 재단사는 당신이 아직 돈을

보통사람의 심리학

내지 않았거나, 총 지불액의 절반도 되지 않는 보증금만 지불했는데도 당신의 요구를 들어주려고 할 것이다. 당신 또한 서로 잘 알지 못하더라도 재단사가 당신의 요구를 들어주기 위해 최선을 다할 것이라고 믿는다. 고객들이 원하는 품목을 고르고, 매장을 나가기 전에 결제할 것이라고 믿는 점주들의 생각도 마찬가지다.

경제학자들은 '합리적 행위자 모델'로 알려진 모델을 개발했다. 이 모델은 모든 사람이 이성적이고 최고의 이익만을 위해 행동할 것이라고 가정한다. 이것은 자기 이익에 반하는 행동, 즉 비합리적인 행동에 반대한다. 게다가 이 모형은 최종 목적을 달성하기 위해 어떤 종류의 행동이 필요한지 명시하지 않기 때문에 반드시 옳은 행동을 할 필요도 없다. 이 모델에서는 목적을 달성하고 행위자에게 이익을 주는 한 특정인의 신뢰를 이용하는 것도 허용된다. 인간의 행동 측면에서, 이 모델은 다른 사람들이 당신의 욕구를 충족시키겠다는 약속을 지킬 수 있는 한 그들을 신뢰할 것을 요구한다.

이 모델은 많은 논란과 비판을 받았지만, 합의를 집행하기 위한 계약 시스템을 개발하게 된 계기가 되었다. 예를 들어, 당신과 공급자는 재료를 공급하기 전에 계약을 맺는다. 만약 당신이 지불을 거부한다면 공급자는 당신을 법정으로 데려갈 수 있고, 만약 재료가 기준에 맞지 않는다면 당신은 공급자를 고소할 수 있다.

사업에서는 각종 거래에 대한 계약을 체결할 수 있지만, 대부분의 일상적인 문제는 보장되지 않는 신뢰에 의존한다. 당신은 식당 주인이 당신에게 최고의 음식을 제공할 것이라고 믿는다. 당신은 컴퓨터 기술자가 당신의 노트북을 고칠 것을 믿는다. 당신은 배관공이 당신에게 최고의 서비스를 제공할 것이라고 믿는다. 또한 그 사람들도 당신이 모든 서비스에 대해 돈을 지불할 것이라고 믿는다.

사실 당신은 하루 종일 신뢰성이 보장되지 않는 누군가를 신뢰하는 비합리적인 사람이다. 계약서나 서면 합의서 없이, 신뢰해서는 안 될 사람들을 계속 신뢰한다. 어떤 상황에서는, 영화를 보기 전이나 음식을 먹기 전에 돈을 먼저 내는 등 '합리적인 행위자 모델'을 따르기도 한다.

비록 사람들이 모든 일상적인 상황에서 이 모델을 따르지는 않지만, 가상의 상황이 주어진다면 그것을 따를 것이다. 여러분은 낯선 사람을 믿어야 하느냐는 질문을 받았을 때, 당연히 그렇게 해서는 안 된다고 대답할 것이다. 일상의 행동과 정반대일지라도 말이다.

이에 대한 설명을 찾기 위해 수행된 연구가 있다. 피실험자들은 상황을 보고 낯선 사람을 믿어야 할지 말아야 할지 결정해야 한다. 실험 전 피실험자들은 합리적 행위자 모델을 따를 것이라

말했다. 그들은 낯선 사람을 믿지 않았다. 피실험자들은 우리가 알지 못하는 사람들이 우리를 이용할 것이고, 그것이 그들에게 큰 이익을 주기 때문에 그들을 믿어서는 안 된다고 추론했다. 아이러니하게도 그들은 이 원칙을 가지고 있었으나 무의식적으로 버렸다.

낯선 사람에 대한 신뢰를 시험하기 위해 게임을 통한 연구가 수행되었다. 이 게임은 두 명의 참가자(참가자 A와 참가자 B)로 구성되었다. 참가자 A에게 5달러가 주어졌고, A는 만약 참가자 B에게 그 5달러를 모두 주면 참가자 B가 받는 금액이 20달러로 늘어난다는 말을 들었다. 한편, 참가자 B는 받은 금액을 참가자 A와 똑같이 나눌 수 있었다. 참가자 A와 B가 아는 사이라면 A는 B에게 5달러를 주고 20달러를 받은 B는 A와 똑같이 나누었을 것이다. 만약 두 참가자가 서로를 모른다면? 심지어 참가자 A와 참가자 B가 한 번도 만난 적이 없는 사이라면?

합리적 행위자 모델에 따르면, 참가자 A는 이성적으로 생각하고 5달러를 지켜야 하며, 참가자 B가 그에게 10달러를 줄 것이라고 믿지 않아야 한다. 만약 참가자 B가 20달러를 받는다면, 참가자 A와 나누지 않고 그대로 가져야 한다. 모델에 의하면 이러한 상황이 발생해야 했다. 그러나 대부분의 경우, 참가자 A는 참가자 B가 자신에게 도움이 될 것이라고 믿었다.

아이러니하게도, 참가자 A에게 참가자 B를 신뢰하는 정도를 물었을 때, 대부분의 피실험자들이 평균 50 정도로 답했다. 참가자 A는 참가자 B를 그다지 신뢰하지 않았지만, 그의 행동은 참가자 B를 정말로 신뢰하고 있음을 보여주는 것이었다. 매우 일관성이 없고 역설적이다. 더 흥미로운 것은 게임 시스템이 참가자가 5달러를 걸었을 때 10달러를 얻거나 아무것도 얻지 못하는 복권처럼 마련되면 거의 모든 피실험자들이 게임을 거부한다는 것이다. 하지만 자세히 보면, 복권 게임은 인간의 상호 작용 개념과 비슷하다. 참가자 A가 참가자 B에게 5달러를 걸면, A는 B로부터 10달러를 얻을 것이라고 확신할 수 없다. 그는 복권 게임처럼 아무것도 얻지 못할 수도 있다.

미시건 대학의 저명한 심리학자 데이비드 더닝과 그의 동료들은 사람들이 자신의 생각과 달리 왜 낯선 사람을 신뢰하는지에 대한 몇 가지 설명을 제시했다.

첫 번째 설명은 사람의 내면에 이타주의가 있다는 것이다. 이타주의는 자신의 이익을 희생함으로써 다른 사람에게 이익을 주는 태도 또는 행동이다. 다시 말해, 그의 행동이 허구적 이야기의 선한 주인공과 다르지 않다는 얘기다. 이타적인 행동은 사람들에게 낯설지 않다. 당신은 항상 다른 사람들과 함께 시간을 보낸다. 도움의 손길을 주고, 기부를 하고, 친구를 만나고, 집안일을 돕는 등의 일을 한다. 다른 사람을 돕는 것은 자신의 행복과 위로로 이어진다. 결론적으로, 서로에게 이익이 된다. 도움을 받는 사람은 신체적인 혜택을 받고, 도움을 주는 사람은 정서적인 혜택을 받는다.

두 번째 설명은 대중의 평판과 관련이 있다. 사람들은 사회적 명성을 높이기 위해 대중에게 자신의 관대함과 친절함을 쉽게 드러낸다. 그 외에도, 이러한 평판은 지속적인 관계와 상호 작용을 통해 자신에 대한 다른 사람들의 신뢰를 높여줄 것이다. 당신이 좋은 평판을 얻으면 사람들이 미래에 당신을 도울지도 모른다. 실험 속 게임은 뚜렷한 사회적 이익을 주지 못했지만, 참가자들은 서로를 신뢰했다.

더닝과 그의 동료들은 참가자들이 사회적 규범 때문에 서로를 신뢰한다고 말했다. 그것이 사람이 해야 할 일이다. 우리들의 사회적 규범은 우리가 다른 사람을 믿지 않을 분명한 이유가 있을 때까지 믿어야 한다고 명시한다.

참가자 B를 신뢰한 참가자 A를 향해 질문을 던졌을 때, A는 배신당할 수 있음에도 불구하고 믿는 것이 옳기 때문에 참가자 B를 믿었다고 대답했다. 자신을 위해 5달러를 선택한 사람들은 참가자 B에게 돈을 주지 않은 것에 죄책감을 느끼는 경우가 많았다. 피실험자들은 사회적 규범에 맞게 움직였고, 이타주의에 의해 주도되었다.

그러나 사회적 규범은 실험 대상자들이 압박을 받을 때는 완전히 기능하지 않는다. 과도한 압박이 가해지면 참가자들 간의 신뢰와 파트너십 수준이 크게 떨어졌다. 일상생활에서 올바른 행동을 취하거나 최선의 이익을 위한 선택에 직면할 때 당신은 항상 딜레마에 빠질 것이다. 이 딜레마는 당신이 얼마나 많은 압박감을 느끼는지에 달려 있다.

그것이 올바른 일이기 때문에, 도로에서 오토바이가 고장 난 사람을 도와줄 수도 있다. 하지만 당신이 다른 곳으로 급히 가야 할 어떤 긴급한 상황에 처해 있을 때는 그것을 무시하기로 결심하기도 한다.

오늘날의 사회 질서는 서로 모르는 사회 구성원들 간의 신뢰가 없으면 무너질 것이다. 믿지 않을 확실한 이유가 생기기 전까지는 누군가를 믿어야 한다는 것이 사회적 규범이다.

14
인식은 신체에
어떤 영향을 미치는가?

"의사와 환자의 관계는 플라시보 효과에 매우 중요하다."

어빙 커쉬 (Irving Kirsch)

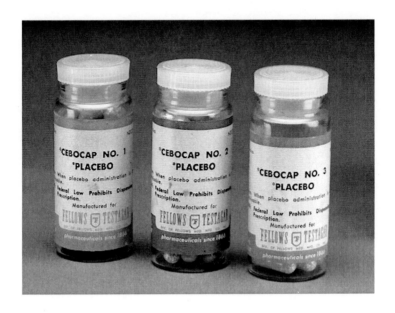

1996년 코네티컷 대학의 기 몽고메리(Guy Montgomery)와 어빙 커쉬(Irving Kirsch) 교수는 56명의 학생들(여학생 32명, 남학생 24명)을 대상으로 연구를 수행하였다. 이 실험에 참가한 학생들은 심리학 수업 학점을 받는 조건으로 자발적으로 참여하였다.

실험이 수행되기 전에 그들은 건강 검진을 받았다. 고혈압, 당뇨, 외상, 마비 또는 건강상의 문제가 있는 경우 실험에 참여할 수 없었다.

학생들은 과학자들이 통증을 줄이기 위한 약을 실험하고 있다고 들었다. 그 약은 트리바리케인(trivaricane)이라고 불렸다. 그들은 또한 다른 대학의 연구를 바탕으로 그 약이 효과적이라는 것이 증명되었다고 들었다.

그러고 나서 모든 학생들은 검지 손가락에 트리바리케인을 발랐다. 그것이 오른쪽 손가락인지 왼쪽 손가락인지는 논문에 언급되지 않았다.

30초 후, 그들의 손가락은 도구로 고정되었다. 압력 수준은 이미 결정되어 있었고 학생들은 양손에 동일한 압박감을 느끼게 되어 있었다.

학생들은 고통의 정도에 대해 질문을 받았다. 그들은 트리바리케인이 진통제로 작용한다는 것을 알고 있었고 고정된 검지 중 약을 바른 손가락이 다른 손가락보다 통증이 덜하다고 말했다.

흥미롭게도 트리바리케인은 진통제가 아니었다. 요오드, 기름, 물의 혼합물일 뿐 통증에 아무런 영향을 미치지 않는 물질이었다. 그런데 왜 학생들은 그 반대의 말을 했을까? 이러한 상황을 플라시보 효과라고 하는데, 이것은 사람의 마음에 영향을 미치는 것이다. 만약 가짜 치료법을 사실이라고 믿는다면 그것은 진짜처럼 느껴질 것이다. 이것이 피실험 학생들에게 일어난 일이다.

실험이 시행되기 전, 학생들은 트리바리케인이 진통제라고 믿었다. 실험실의 과학자들은 그 약이 다른 대학의 연구를 통해 효과가 있는 것으로 입증되었다고 말함으로써 그들의 믿음에 무게를 더하였다. 연구원들은 그 약에 대한 학생들의 신뢰를 심어주기 위해서 거짓말을 했다.

플라시보는 "나를 기쁘게 할 것이다"라는 뜻의 라틴어에서 유래되었다. 플라시보 효과는 중세 의사들이 치료법 없는 병을 치료하기 위해 오랫동안 사용하였다.

그것은 환자들을 긍정적인 마음가짐으로 바꾸는 데 사용되었다. 의사와 의약품에 대한 환자들의 신뢰는 생리적 요인을 변화시키고, 환자의 신체를 치료할 수 있는 능력이 있다. 이 효과는 혈압과 심박수를 낮추고, 통증을 감소시키는 엔도르핀을 방출할 수 있다.

노시보는 플라시보와 같은 효과가 있지만 결과는 반대로 나타난다. 플라시보가 치유와 같은 긍정적인 영향을 준다면 노시보는 부정적인 영향을 준다. 노시보 또한 라틴어에서 왔는데, "나를 해칠 것이다"라는 뜻이다.

2017년 12월 2일, 내 친구 두 명이 귀신 이야기를 했다. 한 친구는 한때 사카(말레이의 초자연적 이야기에서 흔히 볼 수 있는 초자연적 존재)에게 홀린 다른 친구 이야기를 들려주었는데, 이야기를 들려준 친구도 나쁜 영향을 받았고 악몽을 꾸었다.

나는 그에게 "그 친구가 사카에게 홀렸다는 것을 알고 난 후에 악몽을 꾸었니, 아니면 알기 전에 꾸었니?"라고 물었다.

그는 친구가 사카에 홀렸다는 것을 알고 나서 악몽을 꾸었다고 말했다. 그는 오랫동안 그 사람과 친구였지만, 그 꿈은 그가 사카 이야기를 들은 후에야 찾아왔다.

이것은 사카에 대한 믿음 자체가 그의 마음에 영향을 미쳤다는 것을 보여준다. 사카 자체가 아니라 사카에 대한 믿음이 문제였다.

또 다른 친구는 공포 영화를 봤을 때의 이야기를 했다. 공포 영화는 그로 하여금 이상한 것들을 많이 보게 했고, 이런 것들이 꿈에 나타났다. 이것은 여러분이 부정적인 것을 믿을 때, 비록 그것이 비현실적이더라도 진짜처럼 보인다는 것을 의미한다.

의료 사례의 연구에 따르면, 특히 수술이나 치명적인 질병과 같이 매우 위협적인 상황에 직면했을 때 환자들은 부정적인 것을 쉽게 받아들인다.

주사를 맞는 환자는 주사를 맞을 때 '따끔거린다', '아프다', '나쁘다' 등의 단어가 사용되면 더 큰 불안과 고통을 느낄 것이다. 하지만 의사가 "이 주사를 맞으면 몸이 진정되고, 더 편해질 것"이라고 말한다면 환자는 안심할 것이다.

플라시보 효과와 노시보 효과는 의학 연구에서 논의되는 주제이다. 하지만 일상생활에서도 이것의 영향을 느낄 수 있다.

언어폭력을 예로 들어보자. 부정적인 말은 따돌림을 당한 사람들로 하여금 그 말을 믿게 만들어 그 사람의 삶을 침울하고 우울하게 만들 수 있다. 그 사람이 그 말을 무시한다면 삶은 훨씬 나아질 것이다.

소셜 미디어에서도 마찬가지이다. 만약 사람들이 당신이 멍청하고 아무것도 할 수 없다고 말한다면, 그것은 당신을 그렇게 믿게 만드는 데 영향을 미칠 것이다. 만약 당신이 그 말을 무시한다면 당신에게 큰 영향을 미치지 못할 것이다.

15
당근과 채찍, 어떤 것이 더 좋은가?

"자연은 인류를 고통과 즐거움이라는

두 권력자의 지배하에 두었다."

제레미 벤담(Jeremy Bentham)

담배갑의 검게 그을린 폐 사진을 보고 혼쭐이 났음에도 불구
하고 흡연자가 왜 담배를 끊지 않는지 생각해본 적이 있을 것이

다. 만약 당신이 흡연자라면, 왜 흡연의 위험성에 대한 인식이 당신의 흡연을 막지 못하는지 궁금해한 적이 있는가?

실험실에 들어서면 문에 적힌 안전 수칙에도 불구하고 학생들이 실험복 착용, 안전화 신기, 음료수 반입금지 등을 무시하는 것을 흔히 볼 수 있다.

담배를 끊게 하거나 실험실 안전 수칙을 준수하도록 하는 더 효과적인 방법은 무엇일까?

2008년, 뉴욕의 한 연구팀은 어떤 병원의 중환자실에서 연구를 수행했다. 그들은 세면대에서 비누로 손 씻는 비율을 높이고 병원 직원들에게 항상 손을 씻도록 상기시키는 임무를 받았다. 그러나 결과는 만족스럽지 않았다. 손을 씻으라는 명령은 무시되었다.

연구팀은 근처의 모든 세면대에 감시 카메라를 설치했다. 병원 직원들에게 이를 알려주고 그들이 병실을 떠날 때마다 비누로 손 씻기를 상기시키는 알람이 울리도록 했다. 하지만 이것도 실패했다. 직원의 10분의 1만이 그 명령을 따랐다.

그다음에 연구원들이 한 일은 모든 세면대에 전광판을 다는 것이었다. 직원들이 손을 씻을 때마다 전광판이 피드백을 제공했다. 이 전광판은 매주 손 씻은 직원의 비율을 표시했다. 그 결과 90%에 달하는 직원들이 비누로 손을 씻으라는 명령을 지킨 것으로 나타났다.

이 결과는 연구자들에게 충격을 주었고, 연구자들은 결과를 의심했다. 그래서 그들은 병원의 다른 부서에도 같은 방법을 사용했다. 그런데 다른 부서 직원 90%도 손을 씻으라는 지시를 따르는 것으로 나타났다.

당신이 교사라면 학생들에게 당근이나 채찍을 줌으로써 당신의 명령을 따르도록 할 것이다. 즉, 보상이나 처벌을 할 것이다. 아마도 당신이 어렸을 때 이런 상황을 겪어보았을 것이다. 예를 들어, 당신의 부모님은 당신이 시험을 잘 치면 용돈을 준다고 하셨을 것이다. 그리고 아마도 학교에 결석하면 회초리로 맞을 수 있다고 위협했을 것이다. 당신의 상사는 프로젝트가 성공하면 당신에게 보상을 해줄 수 있고, 작업의 질이 떨어지면 임금 삭감을 경고할 수도 있다. 일반적으로 사람을 움직이게 만드는 것은 보상이나 처벌이다.

전광판이 성공한 것은 병원 직원들에게 손을 씻도록 위협하지 않았기 때문이다. 전광판은 손 씻은 직원을 칭찬하며 "잘 하고 있어요!"라고 표현했다. 긍정적인 반응은 직원들로 하여금 손을 씻게 만들었고, 그것이 습관이 되었다.

질병 확산에 대한 두려움을 심어줌으로써 누구나 손을 씻게 할 수 있다고 생각할지도 모른다. 또는 실험실 규칙을 따르지 않았을 때의 위험에 대한 두려움을 심어줌으로써 학생들이 규칙을 준수하도록 이끌 수 있다. 그러나 연구에 따르면 긍정적인 무언

보통사람의 심리학

가를 제공하는 것이 규칙과 명령에 따르도록 격려하는 데 훨씬 더 효과적이다.

런던 대학의 마크 기타르트-마십(Marc Guitart-Masip)이 이끈 연구를 살펴보자. 연구자는 네 개의 추상적인 이미지들을 보여주었다. 설명을 쉽게 하기 위해 사과, 오렌지, 망고스틴, 두리안의 사진을 보여주는 장면을 상상해보라. 실험 대상자들의 과제는 매우 쉬웠다. 망고스틴 사진이 표시될 때마다 최대한 빨리 스페이스바를 누르면 1달러를 받을 수 있었다. 실험 대상자들이 달러를 받기 위해 임무를 열심히 수행한 것은 놀라운 일이 아니었다. 이는 전광판에 손 씻는 비율이 표시되자 병원 직원이 손을 씻은 것과 같은 효과다.

다시 한번 실험이 실시되었고, 이번에는 실험 대상자들이 1달러를 잃지 않기 위해 스페이스바를 눌러야 했다. 그들은 돈을 잃지 않기 위해 행동해야 했다. 결과는 실험 대상자들이 과제를 잘 수행하지 못했다는 것이다. 돈을 잃지 않기 위해 스페이스바를 누르는 민첩성은 돈을 벌 때와 같지 않았다. 이 같은 상황은 손을 씻지 않으면 감염의 위험이 있는 병원 직원들과 다르지 않다.

이는 인간의 두뇌가 처벌을 피하기 위해 행동하지 않고, 보상을 받기 위해 행동하도록 설계되었기 때문이다. 처벌은 종종 무행동(inaction)과 관련되기 때문에 처벌을 통해 사람들의 행동을 격려하는 것은 보상을 제공하는 것에 비해 덜 효과적이다. 당신의 요구나 규칙을 다른 사람들이 따르도록 하는 적절한 방법을 다시 한번 생각해보라.

스탠포드 대학의 알렉산더 제네브스키(Alexander Genevsky)와 브라이언 크너슨(Brian Knutson)이 13,500개의 온라인 자선 캠페인에 대해 수행한 흥미로운 연구가 있다. 이 연구는 긍정적인 이미지 포스터를 사용한 자선 운동가들이 부정적인 이미지 포스터를 사용한 사람들보다 기부금을 받을 가능성이 더 높음을 밝혀냈다. 많은 자선 단체 조직원들과 운동가들이 이제까지 무서운 이미지를 사용해왔기 때문에, 이것은 놀라운 일이었다. 시리아와 팔레스타인의 전쟁 희생자들을 위한 운동가들은 폐허와 피가 그려진 포스터를 사용하여 기부금을 요청했고, 끔찍한 상황에 처한 희생자들의 포스터가 기부금 요청을 위해 자주 전시되었다.

긍정적인 이미지는 희생자들이 나아질 가능성을 암시했고, 기부에 동기를 부여했다. 행복한 아이들의 사진과 같은 긍정적인 이미지는 어떻게 아이들이 전쟁 속에서도 잘 자랄 수 있는지에 대한 단서를 제공했다. 반면에, 부정적인 이미지는 좋지 않은 결말을 보여주었고, 그래서 사람들이 대의를 위해 돈을 내놓는 것을 어렵게 만들었다.

16
마시멜로 테스트의 숨겨진 이야기

―――――

"미래의 결과를 위해 즉각적인 만족을 미루는 능력은

습득 가능한 인지 능력이다."

월터 미셸(Walter Mischel)[*]

―――――

―――――

[*]   만족 지연과 자기조절에 대하여 연구한 오스트리아 출신의 미국 성격 및 사회심
리학자.

여러분은 앞 장을 통해 누군가가 행동하고 규칙을 지키도록 하기 위해서는 벌을 주는 것보다 보상을 제공하는 것이 더 효과적인 격려가 된다는 것을 알게 되었다. 만약 어떤 사람이 학생들에게 회초리를 맞고 싶지 않으면 가만히 앉아 있으라고 꾸짖는 말을 한다면? 아니면 직원들에게 월급이 삭감되는 것을 원하지 않는다면 험담하는 것을 그만두라고 명령한다면?

마크 기타르트-마십이 수행한 연구에서 피실험자들은 망고스틴의 이미지가 표시될 때 보상을 받거나 보상을 잃지 않기 위해 스페이스바를 눌러야 했다. 망고스틴 이미지가 나타났을 때 피실험자들이 아무것도 하지 않으면 1달러를 잃게 된다. 망고스틴이 아닌 다른 이미지가 나타났을 때에는 피실험자들이 아무것도 하지 않아야 1달러의 손실을 피할 수 있었다. 그런데 만약 여러분이 보상을 받거나 처벌을 피하기 위해 행동할 필요가 없다면 어떻게 될까?

만약 한 무리의 도둑이 집에 침입한다면, 그들이 당신을 다치게 하거나 목숨을 앗아갈 수도 있기 때문에, 당신은 움직이지 않고 가만히 앉아서 숨는 것을 선택할 것이다. 길을 건널 때 영화에서 흔히 볼 수 있는 위험이 다가와 몇 초 동안 얼어붙을 수 있다. 이는 영화 장면에서 흔히 볼 수 있는 모습이며 실제로도 일어날 수 있다. 두려움과 불안은 당신을 멈추게 하고 가만히 있게 만든다.

보통사람의 심리학

게다가 아무것도 하지 않는 것은 쉽기 때문에 가만히 있을 때 보상이 증가된다고 생각할 수 있다. 당신이 행동해서 입는 손실을 느끼지 않을 것이다. 만약 당신이 가만히 있으면 보상을 받고, 행동하면 아무것도 받지 못한다면 이것은 당신이 행동할 때 당신을 곤란하게 만드는 처벌 의식과는 반대되는 것이다.

1988년, 월터 미셸(Walter Mischel)은 마시멜로 연구로 알려진 유명한 연구를 수행했다. 여러분은 『마시멜로 테스트: 자기 통제가 성공의 엔진인 이유』라는 책을 본 적이 있을 것이다. 처음 제목은 『성격과 사회심리학 저널』에 실린 『유아기 만족 지연이 예측하는 청소년 역량의 본질』이었다.

이 연구는 1960년에 논문 발표보다 더 일찍 시작되었다. 미셸은 스탠포드 대학의 빙 보육학교에 미취학 아동들의 실험 참여를 요청했다. 테이블 위에 마시멜로가 있는 방으로 4~6세 아이들을 하나씩 데려왔다.

각각의 아이들은 연구원들이 다른 아이들을 관찰하기 위해 잠시 방을 떠날 것이라는 말을 들었다. 아이들은 원한다면 테이블 위에 있는 마시멜로를 먹어도 된다는 말을 들었다. 하지만 연구원들이 돌아올 때까지 마시멜로를 먹지 않고 참는다면, 마시멜로 두 개를 받게 되어 있었다. 그 결과 많은 어린이들이 마시멜로 두 개를 받기 위해 먹는 것을 참았다.

하지만 마시멜로 먹는 것을 참는 것이 아이들에게 쉬운 일은 아니었다. 아이들은 마시멜로로부터 주의를 돌리기 위해 무언가를 해야만 했다. 이 상황은 행동하지 않는 것에 대한 보상의 격려였다. 10년 후 미셸은 실험에 참여한 아이들과 접촉하여 학업, 사회, 정신적 측면에서 그들에게 질문했다. 두 개의 마시멜로를 얻기 위해 유혹을 이겨낸 아이들은 멋지게 성장하였다. 미셸은 이 아이들이 높은 자기 통제력을 가지고 있었고, 이것은 많은 면에서 성공을 이끌었다고 결론지었다.

이 연구는 그 아이들이 자신의 삶에 낙관적인 의식을 가지고 있음을 보여주었다. 그들은 낙관적이었다. 인내심을 가지고 기다리면 더 큰 보상을 받는다고 믿었다. 그들은 높은 자제력으로 결정을 서두르지 않았다.

이 아이들은 또한 높은 사회적 수준을 보였다. 이것은 연구원에 대한 신뢰를 통해 드러났다. 그들은 연구원들이 약속을 지킬 것이라고 믿었다. 신뢰는 사회적 관계를 형성하는 데 있어 중요한 요소이다.

아마도 당신은 유혹을 물리치고 기다렸던 아이들보다 기다리지 못한 아이들이 덜 성공했다고 예상했을 것이다. 이 아이들은 왜 마시멜로를 먹었을까?

마시멜로 테스트를 뒷받침하는 연구는 로체스터 대학에서 셀레스트 키드(Celest kidd), 홀리 팔머리(Holly Palmeri), 리처드 아슬린(Richard N. Aslin)에 의해 수행되었다. 아이들은 미술실에 모여

보통사람의 심리학

컵 만들기 놀이를 할 수 있는 도구를 받았다. 그들은 또한 상자 안에 있는 오래된 크레용 세트를 받았다. 하지만 그 상자는 열기가 매우 어려웠다. 연구원은 잠시만 기다리면 크레용을 가져오겠다고 아이들에게 말하고는 몇 분 후에 방으로 돌아왔다.

연구원은 한 그룹의 아이들에게 새 크레용을 가져오지 않은 데 대해 사과했다. 이 집단은 이로써 신뢰가 깨진 상황에 놓인 것이다. 다른 그룹에는 새 크레용을 주었다. 이 집단은 신뢰가 그대로 유지되었다.

크레용을 받지 못한 아이들은 기대치가 낮았고 연구자에 대한 신뢰도 낮았다. 마시멜로 실험도 마찬가지이다. 아이들이 더 큰 보상을 기다릴 수 없었던 요인 중 하나는 낮은 기대치와 연구자에 대한 불신이었다. 그들은 또한 가질 수도 있고 가지지 못할 수도 있는 것을 기다리기보다, 기다리지 않는 상황을 더 중요하게 여겼다. 이 아이들이 모두 낮은 자기 통제력을 가지고 있는 것은 아니다. 단지 이 아이들은 타인을 덜 신뢰하고 자신의 삶에 덜 낙관적이었을 뿐이다.

이 연구는 사람의 습관과 행동을 바꾸는 것이 얼마나 어려운지를 보여준다. 여러분 주변에 공부에 게으른 친구나 가족 또는 학생이 있을 수 있다. 부모로서 자녀들에게 열심히 공부하라고 수없이 충고했지만 자녀는 이에 귀를 기울이지 않았을 것이다. 당신은 남편에게 건강을 위해 살을 좀 빼라고 조언했을지 모르지만, 그 충고는 무시되었을 것이다.

그들은 미래가 불투명하다고 보기 때문에 공부나 건강 관리를 하지 않는다. 목적이 불분명하면 어떤 사람에게 무언가를 하도록 격려하는 것은 어렵다. 병원 직원은 손을 씻지 않아도 감염되지 않을 거라고 생각할 수 있다. 불확실한 미래는 무시하기 쉽다.

이런 사람들은 삶에 대해 낙관하기보다는 비관적인 경향이 있다. 비록 월터 미셸의 연구 결과가 낙관적인 사람들이 평균적으로 더 성공하는 경향이 있다는 것을 보여주었지만, 비관적인 사람들은 무언가에 대해 낮은 기대를 가지고 있기 때문에 정신 회복력은 더 강하다고 볼 수 있다. 그들은 불확실한 미래보다 현실이나 현재 상황을 더 많이 고려하고 행동한다.

17
선택은 만족을 부른다

"통제력을 표현하는 한 가지 방법은 선택을 하는 것이다."

탈리 샤롯 (Tali Sharot)

당신이 볼링이나 양궁 경기를 하고 있을 때 잘하지 못해서 친구가 도움의 손길을 내밀고 싶어 했던 적이 있을 수 있다. 하지만 당신은 그 제안을 거절했고 실력이 향상될 때까지 계속 노력했다. 당신은 스스로 무언가를 하는 것이 다른 사람들이 도와주는 것보다 더 나은 결과를 가져올 수 있다는 것을 알기 때문에 친구의 도움을 거절했을 것이다.

스스로 행동하는 것은 통제력을 발휘하는 방법이다. 사람들에게 통제권을 주는 것은 그들의 기분을 더 낫고 안정되게 만든다. 통제는 자신에 대한 보상의 한 형태이다. 인간은 앞의 예와 같이 불리한 결과에도 불구하고 선택하거나 통제할 수 있는 힘을 갖는 것을 선호한다.

친구의 도움을 받아 일시적으로 볼링 점수를 늘릴 순 있지만 평생 도움을 받지는 못할 것이다. 언젠가는 친구의 도움 없이 가족과 함께 놀게 될 것이다. 스스로 게임을 하기로 결심하면 볼링 공을 잘 굴리거나 볼링 핀을 명중시키는 방법을 배우게 된다. 이 때 당신이 좋은 결과를 얻는다면 당신의 두뇌는 '스스로 행동하기'를 미래의 보상이나 혜택을 얻을 수 있는 가치 있는 것으로 생각할 것이다. 무언가를 통제하는 것은 생물학적 인간의 적응과정이다.

스스로 선택을 한 것이 나쁜 결과로 이어진 적도 있을 것이다. 이전의 사례가 결정을 내릴 때 당신이 했던 실수 중 하나일 수도 있다. 친구가 더 잘할 수도 있고, 도와줄 수도 있었을 텐데, 당신은 스스로 하기로 결정했다.

이를 설명하기 위해 탈리 샤롯, 캐스 선스타인(Cass Sunstein), 세바스찬 보바딜라 수아레스(Sebastian Bobadilla Suarez)가 연구를 수행했다. 그들은 모양을 고르는 실험을 했다. 각 실험 대상자들은 현금 보상을 받을 수 있는 두 개의 모양 중 하나를 선택하도록 요청받았다. 선택할 때마다 두 개의 새 도형이 표시되었다.

실험은 각 피실험자가 50%만 이기고, 50%만 잃을 수 있도록 구성되었다. 초기 단계에서 피실험자들은 이 게임을 잘한다는 감각을 갖도록 훈련받았다. 그들은 게임에서의 예상 점수를 묻는

　　　　　　　　　　　　보통사람의 심리학

질문에 높은 자신감을 보였고, 80점을 예상했다. 몇몇은 자신감이 부족했고 불과 20점을 예상했다.

각 피실험자에게는 올바른 모양을 고르기 위해 전문가의 도움을 받을 수 있는 기회가 주어졌다. 실험은 도움을 요청하는 대상자가 가장 높은 점수를 받도록 구성되었다. 그런데 많은 시도에서 피실험자들이 도움을 청하기보다는 스스로 선택하는 것을 선호했고, 결과적으로 게임에서 낮은 점수를 받았다.

흥미로운 것은 그들이 전문가에게 도움을 요청했다면 훨씬 더 높은 점수를 얻었을 거라는 사실을 알고 있었다는 점이다. 그들은 자신이 선택하면 질 것을 알았지만, 그럼에도 불구하고 심리적 욕구를 충족시키기 위해 직접 선택했다. 이는 바로 눈앞에 있는 분석이나 개별적인 사실만이 중요한 것이 아니라, 정서적 만족감도 중요하다는 것을 보여준다.

만약 여러분이 길을 걷다 다단계 마케팅(MLM)에 관련된 사람들에게 붙잡힌 적이 있다면, 그들이 여러분의 감정을 이용하여 합류하도록 유인한다는 것을 깨달았을 것이다. 그들은 사실과 통계를 제공할 수도 있지만, 주로 당신의 감정을 건드린다. 재정적인 선택을 하는 것은 민감하고 감정적인 일이다. 아마도 여러분은 투자 시스템이 어떻게 작동하는지 모르기 때문에 어떤 투자도 하지 않는 사람 중 한 명일 것이다. 투자 시스템이 어떻게 작동하는지 모름에도 투자하는 것은 돈에 대한 자신의 통제력을 상실하는 느낌을 들게 한다.

그러나 당신은 어떤 문제를 선택할 때 전문가에게 도움을 요청했을 뿐인데도 스스로 선택하고 싶은 심리적 욕구(psychological need)가 해소된 적이 있을 것이다. 잘 못하는 게임에서 친구에게 도움을 요청해 정서적 욕구(emotional needs)를 극복했을 수도 있다. 이처럼 도움은 당신에게 더 나은 보상을 제공한다.

그 외에, 그룹 과제 등과 같이 우리가 선택하고 싶지 않은 일도 있다. 아마도 당신은 리더가 되는 것을 거부하고, 다른 사람이 리더가 되어 그룹을 위해 결정하기를 원할 것이다. 다른 사람에게 통제권을 넘겨주는 요인들 중 하나는 당신이 책임을 지고 싶지 않거나 그 책임이 당신에게 너무 큰 부담이 되기 때문이다. 그럼에도 불구하고, 사람들은 항상 자신의 선택에 대한 통제력을 갖고 싶어 한다. 만약 여러분이 누군가의 행동을 바꾸고 싶다면, 그 사람의 자율성을 고려하기 바란다.

1970년에 실시된 흥미로운 연구가 있는데, 바로 예일 대학의 주디스 로딘(Judith Rodin)과 하버드 대학의 엘렌 랭거(Ellen Langer)가 수행한 연구이다.

나이가 들면 여러분은 자신에 대한 통제력을 더 잃게 된다. 운이 좋으면 당신의 음식과 옷이 마련되고, 누군가가 당신을 목욕시켜줄 것이다. 또한 누군가가 당신을 산책시키기 위해 손을 잡거나 휠체어를 밀어줄 것이다. 그렇게 여러분은 옷을 개고, 침대

보통사람의 심리학

를 정리하고, 집을 청소하는 것과 같은 집안일을 다른 사람들이 해결함에 따라 주변 환경에 대한 통제력을 잃게 될 것이다. 당신이 늙으면 삶의 모든 선택과 결정이 다른 사람의 손에 넘어가게 된다. 당신의 상태를 걱정하는 가족들이 있기 때문에 당신은 더 이상 어디로 갈지 선택할 수 없다. 누군가가 당신의 건강을 걱정하기 때문에 당신은 커피 한 잔 마시는 것도 선택할 수 없다.

로딘과 랭거는 코네티컷에 있는 노인 요양원에서 실험을 했다. 그들은 무작위로 중간 층을 선택하고 직원에게 그 층에 사는 모든 거주자를 그룹으로 묶도록 요청했다. 거주자들은 스스로 자신을 책임져야 한다는 말을 들었다. 그들에게 필요한 것은 무엇이든지 주어졌고 그들은 자신의 선택으로 스케줄을 관리할 수 있었다. 그런 다음, 다른 층을 무작위로 선택하고 이전 사례와 달리 이 층의 거주자들에게는 완전한 돌봄의 대상이 될 것이라는 말을 해주었다.

그러나 실제로는 두 집단 사이에 차이가 없었다. 중간 층 거주자들은 여전히 돌봄을 받았다. 완전한 돌봄의 대상이 될 것이라는 말을 들은 집단도 여전히 스스로 선택을 하고 일정을 조율할 수 있었다. 두 집단을 다르게 만든 것은 인식의 결과였다.

3주 후, 로딘과 랭거는 스스로 책임져야 한다는 인식과 격려를 받은 거주자들이 보살핌을 받은 거주자들보다 더 행복하게 산다는 것을 발견했다. 더 충격적이었던 것은 8개월 후 전자의 건강

이 후자보다 훨씬 좋아졌다는 점이다.

이 실험은 사람들에게 삶의 방향을 결정할 수 있는 선택권이 주어질 때, 그들의 웰빙이 증진될 수 있다는 놀라운 결과를 보여준다. 당신이 부모라면 이 실험을 통해 자녀들의 삶의 방향을 어떻게 정할지 다시 생각해볼 수 있을 것이다. 당신은 이미 자녀들에게 미래의 계획을 결정할 때 선택권을 주었을 수도 있다. 당신은 자녀의 자율성을 방해하지 않으면서 계속해서 조언을 제공하고 있을 것이다.

그런데 선택의 폭이 너무 넓어서 어느 학교로 진학하고 싶은지 등과 같은 결정을 스스로 하고 싶지 않을 때가 있다. 이러한 상황은 '선택의 역설(Paradox of Choice)'이라고 불린다. 자세한 내용은 다음 장에서 다룬다.

18
점심 메뉴를 빠르게
고르는 방법

"당신의 선택이 두려움이 아닌 희망을 반영하기를!"

넬슨 만델라(Nelson Mandela)

당신의 인생에서 가장 어려운 질문은 무엇일까? 대부분의 사람들은 '뭐 먹으러 갈까'가 가장 어려운 질문이라는 데 동의할 것이다. 왜냐하면 맛있는 음식이 주변에 널려 있기 때문이다. 선택지가 너무 많고 모든 음식이 군침을 돌게 한다. 선택의 폭이 넓으면 결정을 내리는 게 더 어려워진다.

다 맛보고 싶지만 주머니 사정이 넉넉지 않다. 그래서 우리는 하나만 골라야 한다. 이는 친구나 가족과 관련될 때 더 복잡해진다. 나의 욕망뿐만 아니라 그들의 욕구도 생각해야 하기 때문이다.

선택은 훨씬 더 어려워진다.

어쩌다 이렇게 됐을까? 왜 이렇게 선택을 하는 게 어려울까? 선택지가 많으면 좋지 않을까?

심리학자 베리 슈워츠(Barry Schwartz)는 저서 『선택의 역설-왜 많은 것이 더 적은 것인가』에서 다음과 같이 말했다. "구매자의 불안감을 줄이는 방법 중 하나는 그들의 선택지를 줄이는 것이다."

슈워츠는 욕구 충족의 성공과 실패가 행복에 어떤 영향을 미치는지에 대한 연구를 포함하여 선택의 역설에 대해 논하였다.

선택을 하는 것은 어렵지 않지만, 시간이 걸린다. 때로는 식당을 고르는 데 20분이 걸릴 수 있다. 20분은 먹는 것보다 더 중요한 것을 생각할 수 있는 소중한 시간이다.

보통사람의 심리학

슈워츠에 따르면, 우리가 원하는 것에 집중하는 것은 좋은 선택을 하는 전략 중 하나이다. 우리의 결정은 우리가 이루고자 하는 것에 달려 있다. 예를 들어, 식당을 고를 때, 음식의 질, 가격, 분위기에 따라 선택해보자.

또 다른 전략은 우리의 욕망을 중요하게 생각할 뿐만

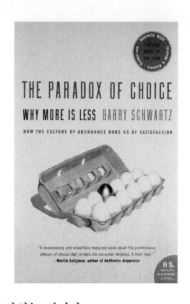

아니라 다른 선택도 면밀하게 조사하는 것이다.

프린스턴 대학의 다니엘 카너먼(Daniel Kahneman)과 아모스 트베르스키(Amos Tversky)에 따르면, 실현 가능한 선택지가 무엇인지 확정하는 것은 우리가 원하는 것을 성취하는 데 도움을 줄 수 있다. 구매자들은 좁혀진 선택지에서 가장 좋은 선택지를 골라야 한다. 그것은 현명하게 선택하는 방법 중 한 가지이다.

너무 많은 선택지는 우리를 불안하게 만들고, 선택 과정은 고통스러울 수 있다. 이것을 설명하기 위해 슈워츠는 몇 가지 심리적 측면을 고려하였다.

선택과 행복은 서로 연관되어 있다. 선택지가 너무 많으면 사람들은 가장 좋은 선택을 해야 한다고 생각하기 때문에 더 불안해진다.

그러므로 선택을 하는 데 더 많은 시간을 할애할수록 결정하는 마음은 더 혼란스러워진다. 반면에, 선택지가 적다면 우리의 마음은 깊이 생각할 필요가 없다.

자유와 헌신은 너무 많은 선택이 골칫거리가 된 이유이기도 하다. 선택의 여지가 많다는 것은 자유롭게 선택할 수 있다는 것을 의미한다. 그러나 선택이 불만족스러울 때는 아무것도 선택하지 않는 것보다 선택을 바꾸는 것이 좋다. 그러므로 자유는 진정한 자유가 아니다. 여전히 우리는 선택하는 행동과 불안에서 벗어날 수 없다.

우리는 선택의 폭이 너무 넓을 때 다른 기회를 놓쳤다고 생각하는 경향이 있다. 예를 들어, A 레스토랑에서의 식사를 선택했을 때 우리는 다른 레스토랑에서 식사할 기회를 놓쳤다고 느낀다. 그 결과 우리가 선택한 A 레스토랑에 대한 후회가 스며들게 된다. 이것은 자신의 선택에 대한 불만족으로 이어진다.

이로써 선택의 폭이 너무 넓으면 불안감만 가중된다는 것이 입증되었다. 모든 선택을 꼼꼼히 살펴봐도, 가능한 모든 선택지를 누릴 수 없는 한 우리는 불만족스러울 것이다. 우리가 모든 선택지를 원할 때 불안은 더 심각해질 것이다.

그러므로 선택한 것에 감사하기 바란다. 어디서 먹기로 선택하든, 어떤 서비스를 이용하든, 우리가 이용할 수 있는 모든 선택지에 감사하라.

효과적인 전략에 따라 현명한 선택을 하기 바란다. 만약 선택이 만족스럽지 않다면, 우리는 이 경험을 통해 다음에는 다른 선택을 할 수 있다.

모든 선택지를 놓친 기회가 아니라 우리가 이룰 수 있는 기회로 보기 바란다. 항상 긍정적인 측면을 바라보도록 마음을 집중하라. 그렇게 하여 우리의 선택이 무엇이든 기쁘게 받아들일 수 있도록 하라. 그리고 어떤 선택을 하든 최선을 다하라.

19
왜 우리는 수학을 싫어할까?

"수학의 아름다움은 더 많은 인내심 있는

추종자들에게만 나타난다."

마리암 미르자카니(Maryam Mirzakhani)

보통사람의 심리학

마리암 미르자카니는 수학의 노벨상이라고 하는 필즈상(Fields Medal)을 수상한 최초의 여성 수학자이다.

파르자네간의 학교에 처음 들어가서 미르자카니는 수학 문제를 제대로 풀지 못했는데, 그러한 이유로 선생님은 미르자카니가 수학에 재능이 없다고 말했다.

그 말은 미르자카니의 자신감을 산산조각 냈고, 수학에 대한 흥미를 잃게 만들었다. 흥미롭게도, 다음 해에 미르자카니는 다른 선생님에게 가르침을 받았는데, 그 선생님은 항상 미르자카니에게 수학 능력을 보여주고 싶다는 열망을 갖도록 부추겼다.

미르자카니가 1학년 때 경험한 것은 수학적 불안(Mathematical Anxiety)이었다. 이러한 수학에 대한 두려움을 메리 피데스 코프(Mary Fides Cough)는 '수학공포증(Mathemaphobia)'이라는 용어로 불렀다.

코프는 자신의 책 『수학공포증: 원인과 치료』에서 수년간 수학에서 낙제했던 학생들의 불안감에 대해 말하고 있다. 코프는 수학에 대한 두려움이 실패의 원인이라고 주장했다.

코프는 수학 선생님에게 꾸지람을 당한 2학년 학생 수지(Susie)의 이야기를 들려주었다. 꾸지람을 당한 이후 수지는 더 이상 수학에 관한 그 어떤 형태의 질문도 좋아하지 않았다. 이 사건으로 수학에 대한 자신감도 떨어졌다.

이 외에도 수학적 불안감에 대한 많은 연구들이 발표되었다.

모리츠 라자루스(Moritz Lazarus)는 '그러한 불안감은 비이성적인 두려움'이라고 말했다. 쉴라 토바이어스(Sheila Tobias)는 '그와 같은 불안감은 수학 문제를 풀려고 시도하는 사람들 사이에서 발생하는 공황, 무력감, 마비 및 정신적 혼란 상태'라고 말했다.

1990년 레이 헴브리(Ray Hembree)의 연구에 따르면, 수학에 대한 불안감이 수학 성적을 바닥 치게 한 원인이었다. 불안감의 수준이 높을수록 수학에 대한 수행도는 더 나빠진다.

헴브리는 또한 수학적 불안이 수학 성적에 영향을 미칠 뿐만 아니라 사람의 행동까지 변화시킨다는 것을 발견했다. 수학에 대한 혐오감은 불안이 최고조에 달했을 때 가장 심했다. 이러한 혐오감은 수학에 대한 자신감을 떨어뜨렸다. 헴브리는 그들이 수학에서 가능한 한 멀리 떨어져 있으려는 것을 발견한다. 그들은 수학을 덜 사용하는 과목을 들으려고 노력했다. 수학이 아예 없다면 훨씬 더 좋아했다.

가장 흥미로운 부분은, 헴브리가 학생들이 수학을 못하기 때문에 수학적 불안이 나타난 것이 아니라 불안하기 때문에 수학 성적이 떨어졌다고 언급한 것이다. 그러므로 사회와 선생님들의 역할이 중요하다. 사회가 수학을 킬러 과목이자 가장 어려운 과목이라고 말한다면 불안감이 몰려올 것이다.

1994년 클리블랜드 주립대학의 마크 애쉬크래프트(Mark H. Ashcraft)와 마이클 파우스트(Michael W. Faust)는 수학적 불안감을 일반적인 숫자 계산과 수학적 문제 해결을 방해하는 긴장감, 불안감 또는 두려움으로 정의했다.

그들은 몇 개의 그룹을 구성하여 네 가지 유형의 과제를 가지고 연구를 수행했다. 두 가지 작업은 덧셈과 곱셈 정도였고, 다른 두 가지 작업은 더 복잡하고 어려운 수학적 연산을 포함했다.

이 연구에서 애쉬크래프트와 파우스트는 세 가지 결론을 내렸다. 먼저 숫자의 덧셈, 곱셈 등 쉬운 과제를 수행하는 동안 각 그룹의 수학적 불안감 수준은 동일했다. 이는 쉬운 수학 과제에 있어서는 수학적 불안감이 없거나 그 영향이 미미하다는 것을 보여준다.

과제가 힘들고 도전적일 때 불안감은 더 뚜렷해지고 의미심장해졌다. 이 발견으로 애쉬크래프트와 파우스트는 자극 조건이 더 어려워지거나 복잡해질 때 개인의 수행 능력이 저하되는 '불안-복잡성 효과(Anxiety-Complexity Effect)'를 제시했다. 이러한 효과는 수학적 불안감이 높은 사람들에게 매우 뚜렷하다.

두 번째로, 그들은 수학적 불안감이 높은 그룹이 다른 그룹보다 문제를 더 빨리 풀 수 있다는 것을 발견했다. 하지만 그들은 오류와 실수를 보여주는 경향이 있었다.

애쉬크래프트와 파우스트는 이 그룹이 문제를 빠르게 풀기 위해 정확성과 속도를 맞바꾸었다고 주장했다. 그래서 그들은 '속도-정확성 교환(Speed-Accuracy Trade off)'이라는 용어를 만들었다.

세 번째로, 애쉬크래프트와 파우스트는 수학적 불안감이 낮은 집단과 달리 수학적 불안감이 높은 집단은 잘못된 문제를 거부하는 선택을 하지 않는다는 것을 알아냈다.

이 세 가지 발견을 통해 애쉬크래프트와 파우스트는 '포괄적 회피 효과(Global Avoidance Effect)'와 '국소적 회피 효과(Local Avoidance Effect)'를 제안했다.

전자는 수학적 불안감이 높은 사람들로 하여금 수학 연습과 지식을 부족하게 만들며, 수학 문제 해결의 구체적인 전략을 갖지 못하게 만든다. 이것이 그들이 풀이 방법을 모르거나, 질문이 잘못됐음에도 불구하고 틀린 대답을 하거나 잘못된 질문에 답하는 원인이다.

후자는 수학적 불안감이 높은 사람들로 하여금 수학을 불편하게 느끼게 하는 효과다. 이것이 그들이 빠른 속도로 응답하는 이유이다.

이 사례는 수학적 불안감이 헴브리의 결론과는 달리 수학 문제의 복잡성으로 인해 발생한다는 것을 보여준다. 그들은 간단한 수학 문제에 대해서는 잘 대답했다.

한편, 시안 베이록(Sian L. Beilock)과 다니엘 윌링햄(Daniel Willingham)의 연구는 수학적 불안감을 가진 사람들이 수학에 약한 것이 아니라, 불안으로 인한 혼란으로 문제를 풀 수 없었다는 것을 밝혀냈다. 이것이 미르자카니에게 일어난 일이었다.

애쉬크래프트는 제레미 크라우스(Jeremy A. Krause)와 함께 연구를 실시하여 수학 문제를 풀 때 대부분 작업 기억(working memory)이 사용된다는 것을 발견했다.

수학에 대해 불안해하면 불안이 작업 기억을 채워서, 문제를 해결하는 개인의 능력을 최소화해버린다. 작업 기억의 용량은 한계치가 있기 때문이다.

시험장에서 불안감이나 걱정이 문제를 푸는 능력을 떨어뜨릴 수 있다. 그러므로 "침착하라"와 "시험 전에는 아무것도 읽지 말라"와 같은 조언은 정말로 유용하다. 두뇌가 불안이나 걱정으로 막히지 않도록 하려면 침착함이 중요하다.

위에 소개한 연구를 통해 수학에 대한 거부감은 '수학은 어렵다'는 주문이 귀가 따갑도록 자주 반복되면서 수학에 대한 불안감이 생겼기 때문이라고 결론 내릴 수 있다. 또한 불안감은 학생들에게 어렵고 복잡한 수학 문제가 출제되기 때문에 생긴다.

나는 수학에서 똑똑한 학생이 되는 방법에 대한 질문을 많이 받았다. 우리가 가장 먼저 해야 할 일은 학생들이 수학을 두려워하지 않도록 하는 것이다. 수학과 사랑에 빠져야 한다.

문제는 어떻게? 이다.

학생들에게 쉬운 질문과 연습문제를 주어 먼저 기본 개념을 이해시키도록 하라. 학생들이 수학과 '친구'가 되게 하라. 그런 다음에 조금 더 어려운 문제를 제시하기 바란다.

학생들이 수학과 친구가 되고 사랑에 빠지면 자연스럽게 더 어
려운 문제를 갈망하게 될 것이다.

20
현실 VS 이상형

———

"두 인격의 만남은 두 화학물질의 접촉과 같다.

만약 어떤 반응이 있다면, 둘 다 변형된다."

칼 융(Carl Jung)

———

인생의 동반자를 찾을 때, 당신은 어떤 성격의 사람을 찾는가? 당신이 남자라면 동반자가 될 여자에게 찾고 있는 남자가 어떤 유형의 사람인지 물어보고 싶을 것이다. 적어도, 좋아하는 사람이 어떤 사람을 파트너로 원하는지 알고 싶을 것이다. 이 장에서는 남성과 여성 모두에게 이상적인 파트너의 특성에 대한 몇 가지 연구를 제시할 것이다.

로버트 크레이머(Robert Cramer)는 150명을 대상으로 설문조사를 했다. 피실험자들에게 이상적인 파트너의 특징에 대해 물었다. 조사에 따르면 남성의 42%는 매력적이고, 젊고, 건강하고, 성적으로 매력있는 여성을 찾을 것이라고 한다. 그들은 대부분 외면에 집중했다. 하지만 여성은 27%만이 그런 특성을 찾았다. 여성 피실험자의 52%는 똑똑하고, 의욕적이며, 정직하고, 안정적인 수입이 있는 남자를 찾았다.

그러나 컬럼비아 대학의 아담 카르보우스키(Adam Karbowski)와 동료들의 연구는 다른 결과를 낳았다. 연구자들은 스피드 데이팅 방법을 통해 500명의 학생들을 대상으로 이성과 짝을 지어 데이트를 하는 연구를 했다.

학생들은 같은 사람과 다시 데이트하고 싶은지 질문을 받았다. 마지막으로 그들은 각각 데이트 상대의 신체적, 지적 매력에 대해 1에서 10 사이의 점수를 매기도록 요청받았다.

연구자들은 여성이 잘생긴 남자를 선택하는 경향이 있다는 것

보통사람의 심리학

을 발견했다. 그러나 여성들은 평범한 외모의 남자를 쉽게 거부하지 않았다. 외모가 평범해도 남자가 영리하고 똑똑하다면 여자들은 그를 노골적으로 배척하지 않는 경향이 있었다.

하지만 남자의 외모는 여전히 지능보다 여성의 선택에 더 큰 영향을 미친다. 후자는 보너스이다. 만약 남자가 둘 다 가지고 있다면, 그는 더 많은 관심을 끌 것이다.

이 연구는 지능이 10점이고 외모가 2점인 남성은 여성에게 선택될 확률이 10%에 불과하다는 것을 보여준다. 하지만 외모 점수가 5점으로 올라가면 확률은 50%까지 올라간다.

그러나 외모에서 10점, 지능에서 2점을 받은 남성의 경우 여성에게 선택될 확률이 30%이다. 이전의 경우보다 20% 더 높았다. 카르보우스키의 연구에 따르면 남성은 똑똑한 여성보다 아름다운 여성을 더 가치 있게 여긴다.

아이러니하게도, 남자는 평균보다 똑똑한 여자와 거리를 두는 경향이 있다. 남성들은 또한 영리하지 않은 여성에 대한 관심도 적다. 남자들은 평균적인 지능을 가진 여자를 원한다. 여성들과 달리, 지적인 남성들은 호감을 얻기 쉽다.

카르보우스키는 이 연구에서 여성의 평균 외모가 10점 만점에 5~6점 정도이고, 지능이 2점에 불과할 경우 남성의 선택을 받게 될 확률은 20% 정도라는 사실을 밝혀냈다. 하지만 지능이 6점까지 올라가면 확률은 40%까지 올라간다. 흥미롭게도, 여성의 지능이 최고 수준이었다면, 그 확률은 30%로 떨어졌다. 이 연구는 지적인 여성들이 남성들에게 위협적으로 보인다고 설명했다. 이것은 왜 여성들이 때때로 자신에게 다가오기 쉽도록 자신을 덜 지적으로 표현하는지를 설명해준다. 그러나 카르보우스키의 실험은 왜 남성들이 지적인 여성에게 관심을 덜 가지는지에 대해서는 설명하지 못했다.

로라 박(Lora E. Park)과 동료들은 남성들이 지적인 여성에게 덜 끌리는 것을 발견했다. 왜냐하면 지적인 여성은 남성의 자존심을 무너뜨리기 때문이다. 박 교수의 그룹은 6개의 연구를 수행했지만, 2개의 연구는 자료가 부족했기 때문에 4개의 논문만 발표되었다.

첫 번째 연구는 105명의 남학생들을 대상으로 했다. 이 연구는 남학생들이 똑똑한 여학생, 혹은 덜 영리한 여학생과 어울릴 때 자신의 행동을 상상하도록 요구했다. 이 연구는 가상의 시나리오에 기초했다. 그 결과 남성들은 똑똑한 여성에게 더 끌린다고 답했다. 상상하는 동안 남자들은 항상 지적인 여자에게 더 관심이 있다고 말하였다.

두 번째 연구는 남성들이 멀리서 관찰할 때 지적인 여성에게 더 많은 관심을 갖고 매력을 느낀다는 것을 발견하였다. 그러나 다른 두 연구에서는 남성들이 똑똑한 여성과 교류하기 시작할 때 불안감을 느낀다는 것을 발견했다. 그들은 지적인 여성들을

보통사람의 심리학

삶의 동반자로 만드는 것에 관심을 덜 가졌다. 이 연구는 남성성의 감퇴가 남성들이 여성과 만날 때 지적인 여성에 대한 관심을 잃게 만들었다고 결론지었다.

남성들이 공적이고 전문적인 상호 작용을 수반한다면 지적인 여성을 선호한다고 언급한 연구들이 있다. 그러나 사적인 문제로 넘어가면 남성은 지적인 여자에게 관심을 잃었다.

만약 여러분이 남자라면, 여러분은 친구에게 "똑똑하고, 영리하며 성격이 밝은 여성, 즉 의대를 졸업했거나 무거운 논픽션을 읽으며 시간을 보내는 여성을 좋아한다"고 말한 적이 있을 것이다. 하지만 여러분이 그런 여성과 대화하면, 그녀의 지능에 '불편함'을 느끼기 시작하면서 그녀를 인생의 동반자로 삼으려는 태도를 바꿀 것이다. 아마도 그녀의 지능이 남자로서의 자존심과 남성다움에 흠집을 낸다고 느꼈을 것이다. 하지만 전문적인 환경에서 그녀와 함께 일한다면 문제가 되지 않을 것이다.

토드 섀클포드(Todd K. Shackelford)와 데이비드 슈미트(David P. Schmitt), 그리고 데이비드 버스(David M. Buss)는 더 광범위한 인구통계에 기반한 연구를 수행하였다. 이들은 6대륙 5개 섬에 걸쳐 37개 문화권에서 22~23세 사이의 남성 4,499명과 여성 5,310명을 대상으로 설문조사를 실시해 수집한 정보를 바탕으로 연구를 진행했다. 그들의 연구는 파트너를 고를 때 다른 우선순위와 상충되는 개인의 우선순위에 초점을 맞춘다.

첫 번째 요소는 사랑과 돈 사이의 갈등에 관한 것이다. 다시 말해 누군가를 사랑하면 금전적인 측면에서 항상 갈등이 생긴다. 당신은 누군가를 사랑하지만 금전적인 이유로 그 사람을 진지하게 사랑할 수 없다. 다른 사람들은 안정적인 재정 상태 때문에 이상적인 파트너로 보이지만 사랑의 마음은 별로 생기지 않는다.

그들은 이 상황을 '사랑 vs 지위/자원'이라고 부른다. 당신은 주머니가 넉넉한 사람을 찾아야 할지, 아니면 진정한 사랑을 찾아야 할지와 비슷한 딜레마에 빠져 본 적이 있을 것이다. 오늘날의 현실은 당신이 사랑에 관한 문제에 좀 더 물질적으로 행동할 것을 요구한다. 현실이라는 고난의 가마솥에서 살아남고 싶기 때문에 참으로 어려운 선택을 해야 한다.

이 경우 생존은 중요하기 때문에 일부 여성들이 경제적으로 더 안정적인 남성을 선택하는 것은 당연하다. 반면에 기꺼이 가난한 남자를 선택하는 여성들도 있다.

두 번째 구성 요소는 '신뢰성/안정성 vs 외모/건강'이다. 사람들은 파트너를 결정하는 데 있어 아름다운 외모의 파트너를 원하는지, 아니면 신뢰할 수 있는 파트너를 원하는지 사이에서 항상 갈등한다.

당신이 육체적으로 매력적인 사람을 만났을 때, 당신은 종종 헌신과 책임감이 충돌하는 상황에 빠져 있는 자신을 발견하게 된다. 뛰어난 외모를 가진 사람과 책임감이 있는 사람 중 한 사람을 파트너로 선택해야 하는 딜레마에 빠지는 상황이 발생한다. 비록 여러분이 신뢰할 수 있는 파트너를 선택하는 것이 상식적으로 좋다는 것을 알고 있다 하더라도, 누군가의 외모에 쉽게 빠진다는 것을 부정할 수 없다. 물론, 여러분은 그 사람이 책임감 있는 사람일지라도 병약한 사람이라면 거절할 것이다.

세 번째 요소는 '학업/지식 vs 가정/자녀에 대한 욕구'이다. 학업을 더 해야 할지 아니면 가정을 꾸리기 위해 정착해야 할지 사이의 갈등이다. 이 갈등은 일이나 공부를 계속하기를 원해서 가정을 꾸리고 싶지 않고 아이를 낳고 싶지도 않은 개인들에게서 볼 수 있다. 물론, 공부를 그만두고 정착해서 결혼하고 싶어 하는 사람들도 있다. 하지만 보통 더 높은 수준의 공부를 하고 싶은 욕구는 가정을 꾸리고 싶은 욕구와 충돌할 것이다.

어떤 사람들은 직장과 집에 있기를 원하는 파트너 중 하나를 선택해야 하는 갈등에 직면할 것이다. 일반적으로 이런 일은 여성에게서 일어난다. 우리 중 일부는 직장에 다니고 동등한 수준의 교육을 받은 파트너를 선호한다. 반면에 어떤 사람들은 파트너가 집에 머물면서 가족에게 집중하기를 원한다.

네 번째 요소는 사회와 종교 간의 갈등으로 문화, 종교, 가족 간의 금기사항의 차이로 인한 갈등이다.

이 네 가지 요소는 파트너를 찾는 사람의 비교 기준이 된다. 이 기준에는 사랑, 부, 성숙함, 그리고 다른 것들이 포함된다. 보통,

사랑을 찾고자 하는 감정은—다른 요소들을 포함하여—재산이 많은 사람을 찾고자 하는 마음과 상충된다.

이 연구는 또한 여성들이 진정한 사랑보다 사회적 지위와 돈을 더 우선시 할 가능성이 높다는 것을 발견했다. 왜냐하면 여성은 경제적, 사회적 압박 등 주변 문제들에 더 영향을 받을 수 있기 때문이다.

이 연구들은 사람들의 일반적인 선호도를 제시하기 위해서 이루어졌다. 당신이 이 연구의 범위에 속하지 않는다고 느끼는 것은 정상이다. 사회심리학 연구는 절대적인 것이 아니지만 대다수 사람들의 일면을 보여준다.

21
여성들은 외모보다 부를 선호할까?

"많은 남성들이 여성들에게 자신의 재산을 자랑하고
현금을 휘두르는 등의 방법으로 자신을 과시하려고 하지만,
스스로 돈을 벌어 자신의 제국을 건설한 여성은
그런 것에 감동받지 않는다."

미야 야마누치 (Miya Yamanouchi)

진화심리학에서 가장 확실한 발견 중 하나는 여성과 남성이 잠재적 파트너의 특성을 선택하는 데 차이가 있다는 것이다. 여러 나라에서 행해진 연구에 기초하여 심리학자들은 일관되게 남성은 부보다 외모를 선택하는 반면 여성은 외모보다 부를 선택한다는 것을 발견했다. 파트너를 선택할 때 성별 차이가 있는 것은 무엇 때문일까? 무엇이 남성이나 여성으로 하여금 그러한 선호를 갖게 할까?

진화심리학의 진화선호론(Evolved Preference Theory)에 따르면 남

성은 우수한 자손을 얻기 위해 건강하고 생식력 있는 여성을 찾는다. 여성의 가임력은 사춘기 후반을 지나 20대 때 정점으로 높아지기 때문에 남성은 그 연령대의 파트너를 선호한다. 또한 환한 피부, 반짝이는 머리카락, 아름다운 몸매와 같은 여성스러운 외형은 모두 건강의 표식이다. 따라서 남성들이 이러한 특징들에 끌리는 것은 당연하다.

이 이론에 따르면 여성은 선천적으로 생존을 위한 자원을 수집하는 능력이 약하다. 여성은 남성에 비해 신체적으로 약하고 임신 중이거나 아이를 키울 때면 움직임이 제한된다. 그러므로 여성은 자신과 아이들을 위한 자원을 제공받기 위해 남성에게 의존한다. 따라서 여성은 외모보다 부를 중요시한다.

많은 연구에서 나온 데이터가 성별마다 파트너를 찾는 선호도가 다르다는 것을 확고하게 보여주었지만, 진화선호론에는 몇 가지 문제점이 있다. 가장 중요한 것은 그 설명이 우리가 알고 있는 인간 진화에 대한 설명과 일치하지 않는다는 점이다. 현생 인류는 약 20만 년 전부터 존재했으며, 100명씩 무리지어 수렵채집인으로 살았다. 그 시대는 각 행동의 극점(behavior pole)이나 인간 고유의 인지 능력이 발생했던 시기이며, 과학자들은 이 시기를 진화적 적응의 환경이라고 한다.

약 만 년 전, 인간은 농업 활동에 집중했고 풍부한 식량을 생산할 수 있는 능력이 문명의 부상과 기술의 확장을 낳았으며 궁극적으로 오늘날 현대 산업사회를 이끌었다. 농사의 일차적 목적은 식량을 생산하는 것이었으나, 점차 기본적인 사회 단위가 집단에서 가족으로 바뀌면서 토지소유권 개념을 만들어냈다. 이에 따라 토지 소유자와 상속인을 위한 명확한 규칙이 있어야 했다.

여성이 남성에 의해 지배되었을 때 농업도 생겨났다. 수렵채집 사회에서 여성은 집단에 가장 많은 음식을 제공했기 때문에 높은 지위를 얻었다. 여성은 채집인으로서 책임이 있었기 때문에 항상 채소, 딸기, 나물 등 온갖 종류의 음식을 모았다.

물론 고기는 매우 귀했고, 고기를 얻기 위해 동물을 사냥하는 것은 남자들의 몫이었다. 그러나 원시적인 무기만을 가지고 사냥하는 것은 매우 어려운 일이었다. 종종 남자들은 하루가 끝날 무렵 빈손으로 돌아왔고, 밥을 얻어먹으려면 여자에게 친절해야 했다.

진화적 적응의 환경에서 여성들은 자원을 제공받기 위해 남성들에게 의존하지 않았음이 분명하다. 이것은 오늘날 그렇게 진화된 여성이 외모보다 자원을 제공할 수 있는 남성을 선택하는 것이 적절하지 않다는 것을 의미한다. 게다가 집단 생활에서 가져온 모든 것들은 공유하도록 되어 있었다. 그러므로 20만 년 전에는 부유하거나 가난한 사람이 없었다.

물론 몇몇 남자들은 다른 사람보다 더 나은 사냥꾼이었다. 집단에 고기를 자주 가져오는 사람은 사회적으로 더 높은 명성을 얻었고, 그것은 여성에게 매력이 되었다. 남자를 훌륭한 사냥꾼으로 만든 특징은 거대한 근육질 체격과 좋은 상체 힘이었다. 여성의 욕망이 진화의 길을 걷는다면 배우자로 근육질 남성을 선택해야 하지만 이는 여성들이 주로 단기간의 연애를 위해 선택하는 것이다.

20년 전 앨리스 이글리(Alice Eagly)와 웬디 우드(Wendy Wood)는 파트너를 선택할 때 관찰되는 성별 차이를 설명하기 위해 진화 선호론의 대안으로 사회적 역할 이론(social role theory)을 제시했다. 이 이론에 따르면 여성이 외모보다 자원(재산 등)을 우선시하는 것은 진화의 흔적이 아니라 현대 사회 조직에 대한 반응이다.

채집에서 농사로 전환되면서 사회에서 남녀가 하는 역할에 변화가 생겼다. 토양을 가꾸고 동물을 사육하려면 튼튼한 몸이 필요하였고, 삶에 필요한 재화를 마련하는 것은 남자의 몫이 되었다. 여성의 역할은 육아, 요리, 청소와 같은 집안일과 베 짜기, 바구니 생산 같은 가내 공업으로 한정되었다.

여성들은 더 이상 스스로 식량을 조달하지 않기 때문에, 남편에게 의존해야 했다. 더욱이 농경의 시작과 함께 부자와 가난한 자 사이의 사회적 계층화가 나타났다. 복잡한 문명이 발달했을 때, 가장 부유한 사람은 더 이상 땅을 가꾸는 사람이 아니었다. 그들은 지주, 상인, 관료, 그리고 종교 사제들로 구성되었으며, 이들은 근육질의 강한 몸을 필요로 하지 않았다. 이때부터 여자들은 잘생겼지만 가난한 삶을 사는 남자와 결혼할지, 아니면 얼굴은 보통이지만 안락한 삶을 사는 남자와 결혼할지를 선택해야 했다.

20세기 말, 여성들은 농업의 시작과 함께 잃어버렸던 성평등을 되찾는 데 있어 큰 진전을 이루었다. 따라서 사회적 역할 이론은 파트너를 선택하려는 여성들의 욕구가 자원보다는 외모로 바뀔 것이라고 예측했다. 왜냐하면 여성은 더 이상 남성에게 자원을 제공받기 위해 의존하지 않기 때문이다. 이글리와 우드가 파트너를 선택하는 것과 관련하여 성별 차이에 대한 문화 간 데이터를 분석했을 때 그들은 외모를 선호하는 패턴을 볼 수 있을 것이라고 믿었다.

그리고 그들은 여성들이 광범위한 경제적, 정치적 자유를 가진 문화에서는 파트너를 찾는 데 있어서 외모에 더 집중한다는 것을 발견했다. 부는 여전히 외모보다 선호되지만, 둘의 차이는 그리 뚜렷하지 않았다. 그러나 데이터의 한계와 의심스러운 통계 방법의 사용으로 인해 이글리와 우드의 결론은 도전을 받았고, 대부분의 심리학자들은 진화선호론을 더 높이 평가하는 경향이 있다.

사회적 역할 이론의 시험을 심도 있게 진행하기 위해 글래스고 대학의 심리학자 베네딕트 존스(Benedict Jones)와 그의 동료들은 8년 동안 문화 간 데이터를 이글리와 우드보다 더 많이 수집했고, 발전된 통계 절차를 적용했으나 결과는 사회적 역할 이론 지지자들에게 실망스러웠다. 연구자들은 평등주의 사회 여성과 전통 사회 여성 사이의 차이가 미미하다는 것을 발견했다. 다시 말해, 파트너 선호도의 차이는 사회 조직에 따라 큰 차이가 있지 않았다.

그렇다면 존스와 동료들의 연구 결과를 어떻게 해석해야 할까? 우리가 이미 보았듯이, '진화적 적응의 환경'에서 여성의 선택이 외모보다 자원을 가진 남성을 선택하는 방향으로 진화했다는 생각은 회의적이다. 이에 반해 사회적 역할 이론은 현대 사회의 현실을 잘 보여주고 있어 진화론적 설명보다 합리적이다. 그러나 연구 결과와 부합하지 않았다.

문제는 질문이 제기된 방식에 있을 수 있다. 사회적 역할 이론은 여성의 배우자 선택이 사회에서 더 많은 성평등을 이룰 때 부보다는 외모를 중요시하는 방향으로 전환된다고 주장한다. 이 생각은 몇 가지 이유로 문제가 있다.

첫째, 스칸디나비아 국가들과 같이 가장 현대적이고 평등한 사회에서도 남성은 여전히 경제적으로나 정치적으로 여성을 지배한다. 남자들은 기업과 정부에서 더 높은 지위를 차지하고 있다. 현대의 산업화된 국가에서 여성의 삶의 질은 과거보다 훨씬 낮고, 확실히 그들의 사회적 위치는 전통 사회보다 훨씬 높다. 하지만 아직 수렵 사회에서 볼 수 있는 성평등 수준에는 못 미친다.

둘째, 성평등은 여성들이 부유한 배우자보다 잘생긴 배우자를 선택하는 것으로 우선순위를 바꾸기에는 충분하지 않다. 만약 모든 남성이 여성과 소득수준이 같아진다면, 부가 더 이상 문제가 되지 않기 때문에 이때는 분명히 부보다 외모를 선호할 것이다.

끝으로 존스와 그의 동료들의 보고서에 문제가 있다. 거의 모든 연구자들이 응답자들에게 그들이 선호하는 특징에 대해서만 물었고 실제로 누구와 결혼했는지는 고려하지 않았다. 우리가 원하는 것과 실제로 얻는 것은 서로 다르다. 또한 높은 수준의 배우자를 만나기 위해서는 우리도 그들에게 매력적인 무언가를 제공해야 한다. 최종 분석에서 우리의 우선순위가 현실과 일치하는지 파악해야 한다.

한마디로, 파트너를 고르는 과정에서 왜 성별 차이가 나는지에 대해서는 아직 구체적인 답이 나오지 않았다. 여성들이 부유한 파트너를 선택하는 경향은 농경 사회의 진화에서 비롯된 것일 수도 있다.

현대 여성에 대한 조사 데이터는 진화하는 우선순위(사회적 역할 이론)를 지지하는 경향이 있지만, 그 이론은 수렵 사회의 생활 방식과 상충된다. 또한 파트너를 선택하는 데 있어서 여성의 우선순위는 현대 사회에서 자신에게 주어진 사회적 역할에 대한 반응일 수 있다. 어쩌면 여성들은 경제적인 문제에 신경쓰지 않아

도 될 부유한 남자를 찾을 수도 있다. 이 문제를 논의하기 위해
서는 앞으로 더 많은 연구가 진행되어야 할 것이다.

보통사람의 심리학

22
왜 어리석은 사람은
자신이 똑똑하다고 생각할까?

"무지는 지식보다 더 자주 확신을 갖게 만든다."

찰스 다윈(Charles Darwin)

사람들은 종종 자신이 실제보다 더 똑똑하다고 느낀다. 확연한 아이러니는 똑똑한 사람들은 자신이 똑똑하다는 것을 인정하지 않는 반면, 어리석은 사람들은 자신이 가장 똑똑하다고 주장한다는 것이다. 이것은 똑똑한 사람들이 자신의 생각과 이해 수준을 알고 있기 때문이다. 반면, 어리석은 사람들은 자신의 무지와 약점을 깨닫는 경우가 거의 없다.

심리학에서 이 현상은 '환상적 우월성'으로 알려진 인지 편향의 일부이다. 이 환상이 얼간이들을 똑똑하다고 주장하게 만든다. 그들은 자신의 인지 능력을 잘못 계산한다. 반면, 똑똑한 사람들은 자신의 능력을 다른 사람들도 습득할 수 있는 것으로 보기 때문에 자신이 똑똑하지 않다고 한다.

1999년에 저스틴 크루거와 데이비드 더닝이 이 현상을 설명하기 위해 연구를 수행했다. 그들의 연구는 1995년 피츠버그에서 무기와 마스크 없이 두 번의 강도를 저지른 은행 강도 맥아더 휠러 사건에서 영감을 받았다.

사건 당시 휠러는 라임주스가 자신을 투명인간이 되게 할 것이라 확신하고 라임주스를 몸에 뿌렸다. 자신의 모습이 담긴 CCTV 영상을 봤음에도, 휠러는 여전히 자신이 보이지 않는다고 믿었다. 크루거와 더닝은 휠러의 생각 뒤에 숨겨진 미스터리를 연구하기로 결정했다. 그들은 '미숙련자 및 미숙자'라고 불리는 논문을 통해 코넬 대학교 학생들의 유머, 문법, 논리적 사고 수준을 연구했다.

시험이 끝난 후, 학생들은 자신의 능력을 스스로 평가하도록 요청받았다. 그 결과 가장 낮은 점수를 받은 사람은 자신을 과대평가하고 있는 것으로 나타났다.

한편, 가장 높은 점수를 받은 학생은 자신을 과소평가하였다. 서로의 답을 채점하라고 했을 때, 점수가 높은 사람들은 자신의 점수를 실제 결과에 맞게 성공적으로 추정했지만, 점수가 낮은 사람들은 자신의 점수를 과대평가하였다.

이 연구는 논리, 문법, 작문, 운전과 같은 일상적 능력에만 초

보통사람의 심리학

점을 맞추었기 때문에, 학생들이 정답을 맞추기 위해서는 최소한의 지식만 있으면 되었다.

그래서 일부 학생들은 자신이 그것에 능통하고, 모든 질문에 정확하게 답했다고 생각했다. 그러나 그들은 자신도 모르는 사이에 무지로 인해 가장 낮은 점수를 받았다. 어떤 문제에 대해 익숙하지 않고 아는 바가 없을 때 그러한 실수가 나타난다.

따라서 그들의 실수는 지식의 관점과 성격에 원인이 있다. 로스(L. Ross)와 그린(D. Greene), 그리고 하우스(P. House)에 따르면, 똑똑한 사람은 자신의 한계를 알기 때문에 자신의 지식 수준을 잘 인식한다. 그들의 문제는 자신의 능력이 남들과 같다고 느끼는 데 있다. 따라서 그들은 자신이 그만큼 똑똑하지 않다고 느낀다.

어떻게 하면 환상적 우월성을 피할 수 있을까? 어려운 문제다. 왜냐하면 멍청한 사람들은 무식해지는 것을 선택하고, 어둠의 장막 속에 갇혀 있을 것이기 때문이다.

이것은 지식을 향상시키고 항상 열린 자세를 가져야 없앨 수 있다. 크루거와 더닝은 점수가 낮은 학생들에게 10분간의 논리 사고 수업을 시켜주면 자신의 점수에 대한 평가가 더 현실적으로 바뀐다는 것을 발견했다. 이것은 덜 똑똑한 사람을 똑똑하게 만들면 그들이 자신의 무지를 깨달을 수 있다는 것을 증명한다.

알면 알수록 우리가 아는 것이 거의 없다는 것을 깨닫게 된다.

다시 말해서, 한 주제를 깊이 연구하다 보면 우리가 여전히 그 주제의 많은 측면을 모른다는 것을 깨닫는다.

그러므로 만약 우리가 덜 똑똑한 사람을 만난다면, 우리가 아무리 그들에게 무언가를 설명하려고 해도, 특히 그들이 무지를 고집한다면, 그들은 설명을 거부할 것임을 알기 바란다.

어떤 경우에도, 우리가 환상적 우월성에 빠진 사람들과 같은 범주에 들지 않도록 조심하라. 왜냐하면 무지한 사람들은 자신의 무지로 인해 어둠 속에 있기 때문이다.

자신과 다른 사람들에게 무지에 대항하는 지식의 중요성을 인식시켜라. 항상 옳다는 것은 무지의 표시이다. 오답을 두려워하지 말고 그것으로부터 배워라.

23
아이는 어른의 거울이다

"아이들은 어른들의 말을 집중해서 들어본 적이 없지만,

따라 하는 데 실패하지 않는다."

제임스 볼드윈(James Baldwin)

우리는 자라나는 아이가 경험에 따라 물들어가는 백지장과 같다는 표현을 자주 듣는다. 아이들은 흔히 아무것도 모르는 것처럼 인식되며, 주변에서 일어나는 모든 일을 이해할 만큼 성숙하

지 못하다.

그러므로 각각의 아이들이 어려운 환경에서 잘 자랄 수 있도록 보살피고 보장하는 것은 책임감 있는 부모나 보호자에게도 어려운 일이다.

아이들이 부모의 공격적인 성향과 행동을 어떻게 모방하는지에 대한 비디오를 분명 많은 사람들이 보았을 것이다. 어린 나이임에도 불구하고 어른처럼 말하고 행동하는 아이들의 모습이 담긴 동영상도 있다.

문제는 창의적이고 비판적인 사고를 하지 못하는 아이가 어떻게 어른의 행동을 흉내 낼 수 있느냐는 것이다.

1961년, 스탠포드 대학의 심리학자 앨버트 반두라(Albert Bandura)는 보보인형(Bobo Doll)이라고 불리는 인형을 사용하여 어린이의 행동을 연구했다. 그 이후 이 실험은 '보보인형 실험'으로 알려졌다. 이 실험의 초점은 폭력이 아이들의 행동과 성격에 미치는 영향을 연구하는 것이다.

반두라의 사회학습 이론에 따르면 학습은 관찰과 상호 작용을 통해 이루어진다. 그러므로 인간은 행동을 보고 흉내 내면서 학습한다. 실험을 시작하기 전에 반두라는 먼저 다음과 같은 결과를 예측했다.

1. 공격적인 성인의 행동을 관찰한 아이들은 성인 모델이 없을 때에도

공격적으로 행동할 가능성이 높다.

2. 공격적이지 않은 성인을 관찰한 아동은 공격적인 성인을 관찰한 아동보다 덜 공격적일 것이다.

3. 아동은 이성보다 동성의 모델을 모방할 가능성이 높다.

4. 남자아이들이 여자아이들보다 더 공격적으로 행동할 것이다.

이 실험은 3~6세 사이의 영유아를 대상으로 진행되었다. 실험 전에 반두라는 그 아이들의 공격성을 관찰했고, 각각의 공격성 수준에 따라 공평하게 짝을 맞췄다.

그런 다음 이 아이들은 성인 모델이 다른 두 그룹, 즉 공격적 모델과 비공격적 모델로 분류되었다. 처음에는 아이들을 보보인형 등 많은 장난감이 있는 방에서 10분간 놀 수 있도록 했다.

공격적인 모델에서는 한 성인이 방에 들어가 공격적인 말을 하면서 보보인형을 때리고 발로 차는 등 폭력적인 행동을 하였다. 비공격적 모델의 성인은 보보인형을 내버려두고 10분 동안 아이들과 함께 놀았다.

그 후 아이들은 재미있는 장난감과 함께 다른 방으로 옮겨졌다. 그러나 그들에게는 노는 것이 허락되지 않았다. 이것은 아이들의 실망감을 높이기 위한 것이었다.

그리고 아이들은 마지막 실험실로 옮겨졌다. 이 방에는 다트 총, 밧줄 공, 작은 망치와 같은 공격적인 장난감들이 있었다. 또한 보보인형, 크레용, 종이, 플라스틱 동물, 트럭과 같이 공격적이지 않은 장난감도 있었다. 각각의 아이들에게 20분의 놀이시간이 주어졌다. 아이들의 행동은 연구자들에 의해 관찰되었다. 이 실험의 결과는 반두라의 처음 예측과 일치했다.

1. 공격적 모델에 노출된 아동은 성인이 존재하지 않을 때에도 관찰한 공격적 행동을 모방하는 경향이 있었다.
2. 비공격적 집단의 아이들은 남녀 모두 공격적 집단보다 공격성이 크지 않은 반면, 남자아이들은 폭력을 행사하는 경향이 여자아이보다 더 강했다.
3. 성인 남성의 폭력적인 행동을 관찰한 남자아이는 여성 모델이 공격적으로 행동하는 것을 관찰한 남자아이보다 더 많은 영향을 받았다. 동성의 공격적 집단에서 남자아이는 신체적 폭력을 모방하는 경향이 있는 반면 여자아이는 언어적 공격성을 더 많이 모방하였다.
4. 남자아이는 여자아이에 비해 두 배나 많은 폭력 행위를 저질렀다.

1965년 반두라가 수행한 후속 실험에 따르면, 공격적 모델이 보상을 제공받았을 때 아이들은 공격적 모델의 행동을 더 많이 모방하는 것으로 나타났다. 그리고 공격적 모델이 벌을 받는 것을 보았을 때 공격적인 모델의 행동을 모방할 가능성은 줄어들었다.

보보인형 실험은 아이들의 심리 및 환경을 연구하는 유명한 실험 중 하나다. 이 실험으로 아이는 관찰하는 것만으로도 어른의 행동을 모방할 수 있다는 것이 증명되었다.

따라서 폭력적인 성인으로 성장하거나 괴롭힘을 당하는 대부분의 경우가 폭력적인 환경에서 자란 아이들이라는 것을 알 수 있다.

말레이 속담에 "대나무를 구부리려면 자랄 때 구부려라"라는 말이 있다. 아이들을 돌보는 사회 구성원으로서 우리는 모두 아이들에게 인격과 긍정적인 성격을 형성할 책임이 있다.

왜냐하면 아이들은 어른으로 자랄 것이고, 어른의 성격과 행동은 고치기 어렵기 때문이다. 아이들은 미래 세대이다. 오늘의 교육이 내일의 세상을 바꿀 수 있다.

24
잘못된 의사소통이 일어나는 이유

"지식은 마음의 생명이다."

아부 바크르(Abu Bakr)

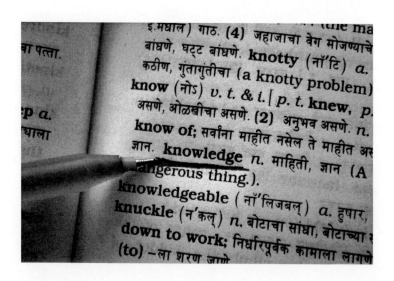

지식을 올바르게 적용하면 힘이 된다. 가장 힘 있는 사람은 자신이 가진 지식을 삶에 적용하는 사람들이다. 그러나 아무리 지식을 쌓더라도 인간은 불완전한 존재이기 때문에 실수를 하기 마련이다.

우리는 종종 우리가 알고 있는 사실을 다른 사람도 알고 있고, 우리가 겪은 일을 다른 사람도 겪게 될 것이라고 생각한다. 이것이 바로 잘못된 의사소통이 일어나는 이유이다. 즉, 우리는 다른 사람들이 우리가 이해하는 방식대로 어떤 것을 이해한다고 생각한다.

심리학에서 이 현상은 '지식의 저주(Curse of Knowledge)'라고 불리며, 이는 인지 편향 중 하나이다. 이 저주는 개인이 다른 개인과 소통할 때 발생하며, 전자는 후자가 소통하는 것을 이해하는 데 있어 유사한 배경을 가지고 있다고 가정한다.

1990년에 스탠퍼드대 졸업생인 엘리자베스 뉴턴(Elizabeth Newton)은 한 그룹의 학생들에게 노래의 리듬을 손가락을 두드려 표현하도록 했다. 다른 그룹은 손가락 리듬을 듣고 추측하기만 하면 되었다.

120곡 중 정확히 맞힌 곡은 3곡으로 2.5%에 불과했다. 하지만 손가락을 두드린 학생들은 노래를 들은 학생들(청취자들)이 쉽게 노래를 식별할 수 있을 것으로 추측했다.

즉 손가락을 두드린 학생들은 청취자의 50%가 그들이 듣고 있는 노래를 추측할 수 있을 것이라고 추정했다. 청취자들은 40번에 한 번꼴로 노래를 '이해'했지만, 손가락을 두드린 학생들은 그들이 단 두 번만에 이해할 수 있을 것이라고 생각했다.

이 연구는 손가락을 두드리는 사람들이 손가락 리듬뿐만 아니라 마음속의 노래를 '듣는'다는 것을 발견했다. 그러나 청취자들은 노래 없이 손가락 리듬만 들었다.

이것이 바로 지식의 저주이다. 예를 들어, 지식이 풍부한 교사는 아무것도 모르는 학생을 가르치는 것이—과목을 이해하게 하는 것은 물론이고—꽤 어렵다는 것을 알게 될 것이다.

칼 와이먼(Carl Wieman)은 선생님의 이해와 달리 학생들은 수업 내용을 이해하기 어려울 수 있다고 주장한다. 그렇기 때문에 교사는 학생을 이해시키기 위해 무한한 노력을 해야 한다.

지식의 저주는 누구에게나 일어날 수 있다. 교사, 임원, 고용주, 구매자, 판매자, 기타 등등 모두 이 저주로부터 예외가 될 수 없다. 따라서 직장에서부터 우리 주변의 사회에 이르기까지 모든 곳에서 잘못된 의사소통이 일어날 수밖에 없다.

상사에게 꾸지람을 당한다면 그 저주로 인한 것일 수도 있으니 너무 심각하게 받아들이지 말기를! 상사가 말하는 것은 당신에게 '도달'하지 않을 수도 있고, 상사가 이해하는 방식은 당신과 같지 않을 수도 있다.

저주를 피하는 한 가지 방법은 자세한 설명이다. 더 나은 설명

보통사람의 심리학

을 하기 위해 질문을 중점적으로 활용하라. 예를 들어 역사를 설명하고 싶다면 관련된 사람, 언제 일어났는지, 무슨 일이 일어났는지, 어떻게 일어났는지 등과 같은 질문을 사용하라.

그런 다음, 용어에 대한 정의가 다를 가능성이 있기 때문에 질문에 사용되는 용어의 정의를 부지런히 물어보라. 정의 자체가 다른 경우도 있다.

스토리텔링 구조로 설명하는 것도 저주에 대처하는 효과적인 방법 중 하나이다. 우리의 머리는 이야기 형식으로 정보를 기억하는 것이 더 쉽다. 흥미로운 도표를 사용하여 청취자의 관심을 끌 수도 있다.

또, 가르칠 때는 반복을 피하라. 리(Z. M. Reagh)와 야사(M. A. Yassa)는 반복이—특히 같은 사실을 중심으로 빙빙 돌 때—새로운 정보 처리 능력을 방해한다고 말했다.

암기를 통한 학습이 장려되지 않는 이유는 미래에 동일하지만 좀 더 구체적인 사실을 마주할 때 기억에 영향을 주기 때문이다. 가장 좋은 방법은 수업을 계속하기보다 머리가 무언가를 소화하고 이해할 수 있는 시간을 주는 것이다.

회사에서도 고용주는 형식적인 접근을 넘어 직원과의 소통을 확대함으로써 저주를 피할 수 있다. 직원들의 업무 능력을 향상시키는 한 가지 방법은 효과적인 의사소통이다. 당사자가 편안하고 선호하는 방식으로 의사소통할 때 잘못된 의사소통도 해결

될 수 있고, 어떤 논의에서도 쉽게 타협점을 찾을 수 있다.

마지막 방법은 외부의 관점을 사용하는 것이다. 특히 글쓰기 분야에서는 편집자가 외부인의 관점을 제공한다. 글을 통해 독자를 설득하는 것은 어렵다. 설명이 상세하게 작성되어야 하며, 동시에 대상 독자가 쉽게 이해할 수 있어야 한다. 그리고 가장 중요한 것은 의도된 메시지를 정확히 전달 받을 수 있도록 깔끔하게 정리된 문장이다. 여기에서 편집자의 작업이 유용할 수 있다. 편집자는 부족한 부분을 찾고 독자들에게 개선된 결과를 선보인다.

결론적으로, 지식의 저주는 사람마다 이해의 폭이 다르기 때문에 생겨나며 인간을 항상 구별 짓게 만들고, 다른 의견을 갖게 만든다. 우리 모두는 각자의 관점에서 무언가를 본다.

25
왜 우리는 다른 사람들이 지켜볼 때
더 생산적이 될까?

"생산성은 시간을 어떻게 보내느냐의 문제가 아니다.

그것은 어떻게 마음을 다스리는지에 관한 것이다."

로빈 샤르마(Robin S. Sharma)

당신은 도서관이나 스타벅스에 있을 때 공부가 더 잘되는가? 당신은 사람들에게 둘러싸여 있을 때 책을 더 많이 읽는가? 사무실에서 상사가 당신을 감시할 때 더 생산적으로 일하는가?

사람의 태도와 행동이 주변 환경에 따라 달라진다는 연구 결과가 있다. 사회적 측면에서 인간의 행동은 주변 사람에 의해 결정된다. 예를 들어, 당신은 사교 활동을 할 때 더 긍정적인 태도와 성격을 보이곤 한다. 당신의 모든 행동이 다른 사람들에게 관찰되고 있다고 느끼기 때문이다.

심리학에서는 이를 '호손 효과(Hawthorne Effect)*'라고 한다. 그것은 미국 시카고에 있는 전자 공장의 실험에서 시작되었다. '호손의 작업장'이라고 불리는 이 공장은 조명을 바꿔서 노동자의 생산성을 연구하는 실험을 했다.

그 실험은 조명이 밝아졌을 때 노동자들의 생산성이 높아진다는 것을 발견했다. 하지만 불빛이 어두워졌을 때에도 노동자의 생산성은 향상되었다.

토린 모나한(Torin Monahan)과 질 피셔(Jill Fisher)에 따르면, 이 실험은 청결, 휴식 시간, 작업 공간의 변화와 같은 다른 요소들을 고려하며 계속되었다.

호손의 작업장에서는 어떤 변화가 시행되어도 시행될 때마다

---

* 지켜보는 사람의 유무에 따라 행동에 차이가 나타나는 현상

보통사람의 심리학

생산성이 증가했다. 그 결과는 매우 충격적이었다.

실험 결과 생산성을 높인 것은 변화 자체가 아니라, 고용주가 근로자의 작업 상황을 돌보고 관찰하여 무언가를 변화시키고 있다고 느낄 때 생기는 근로 의욕이었다.

그러나 스티븐 레빗(Steven D. Levitt)과 존 리스트(John List)는 '호손의 작업장' 실험에서 수집된 초기 데이터가 충분하지 않으며, 실험 결과를 뒷받침할 수 없다는 의견을 제시했다.

이들은 실험 대상자들이 실제 작업이 아닌 실험 목적으로 연구자들의 관심을 받았기 때문에 작업 능력의 증가는 생산성 향상을 목표로 하는 실험에 의한 것이라 주장했다.

그러나 호손 효과는 타인에게 둘러싸였을 때 착한 척하는 사회적 반응 연구뿐만 아니라, 최대의 성과를 위한 실험을 비롯하여 심리 현상 연구에 계속해서 사용되고 있다.

호손 효과는 적절한 관심을 받는다고 느낄 때 인간의 태도가 바뀔 수 있다는 것을 증명한다. 사회적 측면과 관련될 수 있지만, 호손 효과는 성과와 생산성을 높이기 위해 고용주가 직원들을 세심하게 배려하는 상황에 초점을 맞추고 있다.

좋은 고용주는 높은 임금을 지불하는 고용주가 아니다. 좋은 고용주는 회사의 전반적인 생산성을 높이기 위해 현명한 전략을 준비하는 사람이다.

생산성을 위한 한 가지 효과적인 방법은 작업 환경에 호손 효과를 적용하는 것이다. 예를 들어, 고용주들은 벽 장식 추가, 직원 좌석 재배치, 사무실 주변에 더 많은 나무 심기와 같은 물리적인 변화를 줄 수 있다.

그 외에도 고용주는 근로자들을 관찰하는 데 있어 현명해야 한다. 고용주가 근로자를 늘 감시해야 한다는 것이 아니라, 현장에 나가 노동자들의 문제를 깊이 파고들고 각자의 일상을 이해함으로써 그들의 사기를 북돋워 주어야 한다는 것이다.

결론적으로, 매력적인 임금과 다양한 연간 인센티브 외에도 적절한 집중과 관심은 직원들에게 자신이 인정받고 있다는 느낌을 갖게 하여 성과와 생산성을 높일 수 있다. 따라서 고용주는 근로자의 동기를 부여하는 데 있어 집중과 관심이 돈보다 더 효과적이라는 것을 깨달아야 한다.

26
타인의 의견이
당신을 어떻게 변화시키는가?

"나쁜 소식을 전하는 전령을 좋아할 사람은 아무도 없다."

소포클레스(Sophocles)

그리스 문학에는 소포클레스의 〈오이디푸스왕〉이라는 유명한 비극이 있다. 이 이야기는 기원전 429년에 연극으로 무대에 올려졌다. 오이디푸스는 이 비극의 주인공이다. 오이디푸스의 아버지 라이우스(Laius)는 아들이 자신을 죽이고 자신의 아내와 결혼할 것이라는 예언을 들었다. 당시 오이디푸스는 아직 아기였다.

예언을 피하기 위해 라이우스는 오이디푸스를 숲에 남겨두어 죽게 만들려고 했다. 그러나 한 부부가 오이디푸스를 발견하고 입양하여 키우게 되었다.

오이디푸스는 출생의 비밀을 모른 채 자랐다. 그런데 그가 성인이 되었을 때 오이디푸스는 그의 친아버지와 같은 경고, 즉 자신이 아버지를 죽이고 어머니와 결혼할 것이라는 이야기를 듣게 되었다.

오이디푸스는 자신이 입양된 아들이라는 것을 알지 못했기 때문에 예언을 피하기 위해 집을 떠나 그리스로 향했고, 친부모가 살고 있는 그리스에 도착했다.

그리스에서 오이디푸스는 낯선 사람(친아버지)과 싸웠다. 이 싸움으로 라이우스가 오이디푸스의 손에 죽게 되고, 이는 오이디푸스가 라이우스의 아내, 즉 자신의 어머니와 결혼하는 결과를 낳았다. 이 이야기는 자기실현적 예언의 한 예이다.

1902년 찰스 쿨리(Charles Cooley)는 '자아 개념(Self-Concept)'을

만들었다. 이 개념은 당신이 자신을 어떻게 보는지, 당신의 약점과 장점뿐만 아니라 생각하는 방식도 설명한다. 쿨리는 보통 자신의 관점에서 자신을 들여다봄으로써 스스로를 형성한다고 생각하지만 대부분 다른 사람의 유리*를 통해 자신을 바라본다고 말했다.

남학생과 여학생으로 구성된 그룹에서 이와 관련된 사건이 있었다. 남학생들은 그렇게 매력적이지 않은 한 여학생을 놀리는 것을 좋아했다. 그런데 어느 날 한 남학생이 장난으로 그 여학생이 아름답고 매력적이라는 듯이 데이트 신청을 했다.

심리학자들은 시간이 지날수록 그녀가 정말 매력적으로 느껴져 많은 남학생들이 그녀에게 진심으로 데이트 신청을 했다는 것을 발견했다. 이 여학생이 실제로 아름답고 매력적인 사람으로 변해버린 것이다. 그녀가 첫 데이트 신청을 받았을 때 경험했던 사회적 상호 작용은 그녀 자신을 변화시킬 수 있는 자극으로 충분했다.

결론적으로, 남학생은 장난이었지만 여학생은 진심으로 그 남학생이 자신에게 매력을 느꼈다고 생각했다. 이것은 다른 사람이 당신을 어떻게 생각하는지가 자기실현적 예언이라는 것을 보여

---

* 찰스 쿨리의 거울 자아(Looking glass self) 이론: 자아개념은 타인과의 밀접한 상호 관계 속에서 형성된다. 내가 나를 관찰하고 지켜봄으로써 나를 인식하게 되는 것이 아니라, 타인이 나를 어떻게 평가하고 판단하는지를 파악하고, 그 정보에 따라 나를 만들어 간다고 본다.

준다.

다른 사람들의 생각은 예언이며, 그 예언은 당신의 행동으로
이루어진다. 그것이 오이디푸스에게 일어난 일이다. 그가 받은
예언은 다른 사람으로부터 나왔다. 다른 사람들은 그의 삶에 대
해 그렇게 생각만 했을 뿐인데, 그의 행동이 그것을 실현시켰다.

1968년 로버트 로젠탈(Robert Rosenthal)과 레노어 제이콥슨
(Lenore Jacobson)이 한 초등학교에서 수행한 유명한 심리학 연구
가 있다. 로젠탈과 제이콥슨은 학교 학생들을 대상으로 IQ 테스
트를 실시했다.

그러고 나서 로젠탈과 제이콥슨은 성적이 평균인 몇몇 학생을
무작위로 선발했다. 이어서 그들은 일부러 교사들에게 내년에 성
적 향상이 예상되는 학생들로 그들의 이름을 들려주었다.

학생들은 IQ 테스트에서 나온 결론을 듣지 못했다. 교사들은
이 시험이 일반인이 아닌 전문가들에 의해 진행되었기 때문에 특
별한 시험이라고 생각했다.

1년 후, 로젠탈과 제이콥슨은 평범하고 무작위로 선택된 아
이들이 학급에서 우수 학생이 된 것을 발견했다. 선생님들이 아
이들에게 준 신뢰는 그들에게 학습에 대한 열정의 길을 열어주
었다.

이 학생들은 교사의 신뢰를 전혀 몰랐고, 두 연구원이 계획한
일에 대해서도 아무것도 몰랐다. 하지만 그들은 선생님들로부터

열정을 느끼고 최선을 다하려고 노력했다.

로젠탈과 제이콥슨은 어떤 행동에 대한 기대가 자기실현적 예언이라고 결론지었다. 선생님들이 학생들의 성장을 기대했을 때 학생들은 학습 능력 향상을 보여주었다.

간단히 말해서, 당신이 기대하고 믿는 일은 당신 자신의 행동으로 실현될 가능성이 높아진다. 당신은 그 기대와 믿음을 충족시키기 위한 기질과 강한 추진력을 기를 것이다. 첫 번째 사례에서 여학생은 남학생이 자신을 아름답고 매력적이라고 느껴 데이트 신청을 했다고 짐작했다. 그것은 그녀로 하여금 외모를 가꾸도록 격려했다.

로젠탈과 제이콥슨의 실험도 마찬가지이다. 무작위로 선택된 학생들에 대한 교사들의 기대는 그 아이들에게 동기를 부여하고 그들의 학습을 돕게 하였다.

이것은 보통 당신이 모르는 사이에 일어난다. 당신은 그저 기대하고 믿기만 하면 된다. 비록 예언에 관심이 없더라도, 당신의 행동은 예언을 향한 방향으로 설정된다.

사회적 상호 작용은 자기실현적 예언을 형성하는 데 영향을 미친다. 자신에 대한 스스로와 다른 사람의 기대를 믿는다면 그 믿음을 현실로 만들 수 있다.

만약 당신의 아버지가 당신이 공부를 잘할 거라고 믿는다면, 그 믿음은 당신을 그 방향으로 이끌 것이다. 그로 인해 아버지의

믿음이 실현될 것이다. 당신은 무의식적으로 그것을 성취하도록
만드는 믿음이나 예언에 직면할 것이다.

보통사람의 심리학

27
2016년 영화
〈패신저스〉 뒤에 숨겨진 사실

　〈패신저스〉는 공상과학 영화이지만, 줄거리가 드라마에 더 초점을 맞추고 있기 때문에 장르는 배경 역할을 할 뿐이다. 이 영화는 2016년에 상영되었고, 개봉 당시 큰 인기를 끌었다.

　이 영화에서 인류는 문명을 건설하기 위해 새로운 행성에 아발론이라고 불리는 우주선을 발사하였다. 그 여정은 120년이 예정되어 있었다. 아발론은 새로운 행성에 새로운 문명을 건설할 5000명의 식민지 주민과 258명의 승무원을 태우고 있었다. 5000명의 식민지 주민들은 모두 젊은 사람들이었다. 그들은 도착 예정 시간까지 잠을 자게 되어 있었다.

아발론이 새로운 행성에 도착하기 90년 전, 짐 프레스턴(크리스 프랫Chris Pratt)은 우주선에 이상이 생겨 잠에서 깬다. 잠에서 깬 후 짐이 가장 먼저 한 일은 생리적 욕구를 채우는 것이었다. 그것은 공기, 물, 음식, 수면, 옷, 그리고 살 곳을 포함한다.

아발론에서 생활하게 된 첫 해에 짐은 많은 시간을 자신의 욕구 충족에 쓴다. 그는 음식을 찾고, 옷을 갈아입고, 우주선을 탐험한다. 매슬로의 욕구 5단계에 의하면 인간 행동을 결정하는 심리적 충동에도 순서가 있다.

생리적 욕구는 가장 기본적이고 중요하다. 이 욕구가 채워지지 않으면 우리 몸이 제 기능을 하지 못한다. 생리적 욕구가 인간의 가장 기본적인 욕구이기 때문에 짐은 그것들을 먼저 찾았던 것이다. 매슬로에 따르면, 만약 당신이 지금 아무것도 가지고 있지 않다면, 가장 먼저 찾게 될 것은 음식이다. 왜냐하면 식욕은 모든 것 중 가장 기본적인 욕구이기 때문이다.

이때 각 개인은 심리적으로, 자신감, 음식의 영양, 누가 적수가 될지, 혹은 친구가 될지 신경 쓰지 않는다. 왜냐하면 가장 중요

한 우선순위는 배고픔을 채우는 것이기 때문이다.

생리적 욕구가 충족되고 나면 안전에 대한 욕구가 지배한다. 자신의 안전, 재정, 건강, 의료 지원이 안전의 한 요소이다. 이 영화에서 짐은 안전에 대한 욕구를 드러내지 않는데, 왜냐하면 그것은 이미 실현되었기 때문이다. 짐은 일상적으로 먹을 수 있는 음식도 있고, 집도 있고, 건강도 관리되고 있다.

이론적으로 우주선이 고장났다면, 짐은 오로라 레인(제니퍼 로렌스Jennifer Lawrence)을 깨우기 전에 우주선을 고쳐서 거주지의 안전에 대한 욕구를 먼저 채웠을 것이다.

안전의 필요성은 삶의 안정과 동의어이다. 안정적이지 않다면 인생에서 당신의 야망이 이루어졌는지 아닌지는 중요하지 않다. 당신이 삶을 안정시킬 수만 있다면 원하는 사람과의 결혼 여부는 상관없다. 이러한 안정성은 자신을 지탱하고 빚을 갚기 위해 재정적 자원을 유지하는 것뿐만 아니라 적대적인 요소로부터 자신을 보호하는 것도 포함한다.

일부 커플들이 결혼하기 전에 경제적으로 안정되기를 원하는 것은 놀랍지 않다. 그것은 필요하기 때문이다. 경제적 측면에 대해 너무 깊이 생각하지 않는 부부는 재정적 자원이 충분하지 않아도 안정감을 느낄 수 있다.

어떤 사람들은 돈이 중요하지 않고 행복의 원천이 아니라고 말한다. 이것은 주관적이다. 그들은 이미 경제적으로 안정되어 있고 여유롭게 살고 있기 때문에 그렇게 말하고 있을 수도 있다.

먹고살기 위해 고군분투하는 사람들은 적은 돈을 받는 것으로도 충분히 행복해질 수 있다. 잠시만 즐길 수 있다 하더라도 좋아하는 음식으로 배를 채울 수 있어 행복하다. 여분의 돈을 부모에게 줄 수 있다면 훨씬 더 행복해진다.

이 때문에 매슬로는 이러한 것들을 동기 부여 이론으로 내세웠다. 만약 여러분이 불안감을 느낀다면, 여러분은 더 높은 단계의 욕구를 추구하지 않을 것이다. 동기는 당신의 행동과 삶의 목적을 형성하는 데 중요한 역할을 한다.

짐은 혼자 생활한 지 얼마 되지 않아 외로움을 느꼈다. 그의 동료는 그를 위해 음료를 제공하는 로봇 아서뿐이었다. 이 로봇은 감정적, 사회적 단계에서 인간으로서의 기능을 할 수 없었다. 결국 짐은 그의 다음 욕구인 사랑과 소속의 욕구를 충족시키기 위해 오로라를 깨운다. 이후 짐의 삶은 외롭지 않다. 짐과 오로라

보통사람의 심리학

짐 프레스턴(크리스 프랫)과 아서(마이클 쉰)

는 함께 시간을 보낸다.

현실에서는 이것이 정상이다. 사람들은 결혼하기 전 처음 두 가지 욕구가 해결되는지 확인하고 싶을 것이다. 그렇지 않으면 결혼하기가 불안할 것이다. 매슬로는 두 가지 욕구가 충족되면 인간은 다른 면에서 부족함을 느끼기 시작할 것이라고 했다. 그제서야 사람들은 친구와 파트너를 가질 필요를 느끼기 시작할 것이다. 인간은 다른 사람과의 관계에 '배고파' 할 것이다. 즉, 관심받고 의지할 누군가가 필요하다. 매슬로는 사랑의 필요성이 섹스와 동의어가 아니라고 주장했다. 매슬로에 따르면 섹스는 생리적 욕구에 더 가깝다. 인간이 3단계에 이르면 존엄성과 소속감이 필요하다. 이 단계에서의 인간은 사랑이든 우정이든 사회적 관계에 있어서 감사와 관심을 원할 것이다.

누군가와 연애를 하기 전에는 혼자 살아도, 마음고생을 해도 상관없다. 하지만 가장 친한 친구나 파트너가 있을 때, 만약 그들이 여러분의 감정을 상하게 한다면 여러분은 쉽게 상처 받을 것이다. 여러분은 그들이 여러분의 삶에 들어오기 전에는 결코 상처를 받지 않는다. 그 감정은 존중의 필요성 때문에 생겨난다. 당신은 사회적 틀에서 존엄성과 인정을 갈망한다. 당신은 다른 사람에게 존중받고 중요한 존재라는 느낌을 원한다.

짐이 오로라와 싸웠을 때 이것이 문제가 되었다. 짐은 오로라가 깨어나기 전까지 편안하고 여유롭게 살 수 있었다. 하지만 싸움 후에 사랑과 존경이 사라졌기 때문에 짐의 삶은 다소 우울하다. 사랑에 대한 욕구는 짐이 오로라와 더 이상 교류하고 교제할 수 없게 되었을 때 생긴다. 존중에 대한 욕구는 그들이 데이트하는 동안 느꼈던 인정받고 싶은 감정이 상실되었을 때 생긴다.

매슬로나 알프레드 아들러(Alfred Adler) 같은 몇몇 다른 심리학자들에 따르면, 존경에 대한 욕구는 자아에서 발생하는 힘, 자신감, 그리고 필요한 존재라는 느낌의 기초이다. 존경의 욕구를 없애면 열등감과 나약함, 무력감이 생긴다.

어떤 일에든 당신에게 손을 빌려주는 사람이 있을 때, 간단한 감사 인사만으로도 그 사람이 더 많은 사람들을 돕도록 동기를

보통사람의 심리학

부여할 수 있다. 만약 당신이 감사하지 않는다면, 그들은 쉽게 포기하거나 의욕을 잃을 것이다. 즉, 감사는 사소한 문제가 아니다.

다시 영화로 돌아가서 그들은 우주선의 엔진이 고장 난 것을 알게 된다. 이때, 그들의 안전은 위태롭다. 이 장면에서 오로라는 여전히 짐에게 화가 나 있지만, 오로라와 짐은 우주선이 정상으로 돌아오도록 하기 위해 함께 노력한다.

이때 분노와 사랑의 감정은 중요하지 않다. 중요한 것은 그들의 안전이 확보되는 것이다. 그들에게는 남은 여행 동안 그들의 삶이 안전하도록 무엇이든 하게 만드는 동기가 부여되었다.

매슬로는 자아실현을 마지막 욕구로 내세웠다. 이 단계에 이르면 여러분은 자신이 선택받은 사람이라고 느끼기 시작할 것이다. 매슬로의 표현대로, "될 수 있다고 믿는다면 무엇이든 반드시 되고야 만다." 자아실현이란 자신의 야망을 성취하려는 자아충족을 말한다. 목표, 야망, 비전은 자아실현의 한 형태이다. 야망은 여러 가지를 가리킨다. 좋은 차를 가지고, 돈을 많이 버는 것일 수도 있다. 독재 정부를 무너뜨리는 것일 수도 있고, 국민의 권리를 지키기 위한 것일 수도 있다. 매슬로에 따르면 자아실현은 인간이 가능한 최고의 능력에 도달할 수 있는 길이다. 또한 자기잠재력과 기술, 재능을 최고 수준으로 실현하는 것이다. 우리는 각자 다른 자아실현을 하고 있다. 예를 들어, 리 총 웨이(Lee Chong Wei)의 가장 큰 재능과 잠재력은 배드민턴을 치는 것이다. 그의 자아실현은 세계 최고의 선수가 되는 것이며, 그는 이미 그것을 달성했다.

매슬로는 이상적인 엄마가 되고 싶어 하는 사람들이 있다는 것과 같은 다른 예들을 언급했다. 어떤 사람들은 훌륭한 그림을 그리고 디자인을 하는 것에서 소명을 찾을 수도 있다. 자아실현은 생리적 욕구, 안정, 사랑, 존경의 네 가지 욕구가 충족된 후에 존재한다. 매슬로에 따르면, 이 네 가지로부터 만족을 얻는 사람들은 '가장 창의력이 풍부한 사람들'이다.

짐과 오로라는 우주선이 목적지에 확실히 도착하기를 원한다. 그것은 모든 욕구가 충족된 후의 그들의 자아실현이다. 욕구의 단계는 인간이 자아실현을 달성할 때까지 항상 부족함을 느낀다는 것을 보여준다.

보통사람의 심리학

28
불완전함 속의 아름다움

"아마도 우리를 서로에게 완벽하게 만드는 것은

우리의 불완전함일 것이다."

제인 오스틴(Jane Austen)

인간은 불완전한 존재로 신에 의해 창조되었다. 완벽이라는 것은 사람에게 존재하지 않기 때문에 우리는 완벽을 기대해서는 안 된다. 사회 심리학은 우리가 불완전한 사람에게 끌리는 경향이 있다는 것을 밝혔다.

다시 말해서, 재미있고 한 가지 면에서 유능한 사람이 실수를 하거나 멍청한 짓을 할 때 더욱 호감이 간다. 그러나 무능하고 뚜렷한 재능이 없는 평범한 인간이라면 이런 실수는 호감도를 떨어지게 할 뿐이다.

사회 심리학에서는 이것을 '실수 효과(Pratfall Effect)'*라고 부른다. 개인의 매력은 일반적인 성취에 따라 증가하거나 감소할 수 있다.

예를 들어, 항상 1위를 하는 단거리 선수가 한두 번 달리기 대회에서 졌을 때 지지자들의 눈에는 더 매력적으로 보일 것이다.

실수 효과에 대한 연구는 1966년 엘리엇 애런슨(Elliot Aronson)에 의해 소개되었다. 이러한 효과의 원인과 결과를 규명하기 위해 성별, 자존감, 실수유형과 매력 사이의 연관성 등 여러 가지 방향에서 연구가 수행되었다.

애런슨은 미네소타 대학교 남학생 48명을 대상으로 진행한 실험에서 그들을 4개 그룹으로 나누었다. 각 그룹은 텔레비전 퀴즈

---

* 사람에게서 실수가 나타나면 인간적인 매력을 느껴 친밀감을 갖게 되는 효과

프로그램의 배우 오디션 녹음을 들었다. 그들은 아래에 녹음된
것을 듣도록 요청받았다.

1. 질문에 대답할 수 있는 훌륭한 참가자
2. 질문에 대답할 수 있는 일반 참가자
3. 실수를 한 훌륭한 참가자
4. 실수를 한 일반 참가자

먼저 오디션 결과 힘차고 연기력이 좋은 배우는 전체 점수가
92점인 반면, 일반 참가자는 30점에 불과하다는 것을 피실험자
에게 보여주었다.

그러고 나서 애런슨은 그 참가자들의 '훌륭함'과 '평범함'에 대
한 증거로 그들의 학교 생활을 말해주었다. 훌륭한 참가자는 우
수한 학생이자 학교의 운동선수였다.

그에 비해 일반 참가자는 학교에서 평범한 성적을 냈고, 학교
달리기 선수 자격이 없었으며 학교 잡지의 교정자였다.

녹음된 내용을 들은 후 피실험자들은 두 참가자들에 관한 질
문에 대답했다. 그 결과 훌륭한 참가자는 실수를 했어도 더 매력
적으로 인식된 반면, 일반 참가자의 매력은 떨어진다는 것을 알
수 있었다.

요컨대, 위대한 사람은 종종 '초인적인 존재'로 간주된다. 그들

의 완벽함과 위대함은 평범하고 결점이 가득한 우리와는 거리가 멀다고 생각한다. 하지만 위대하다고 생각하는 사람들이 실수를 할 때, 그들의 불완전함이 우리와 가깝게 느껴져 더 매력적으로 보일 수 있다. 우리는 위대한 사람이 우리와 비슷한 실수를 하는 동등한 사람이라는 사실을 알고 놀란다.

실제 사례 중 하나는 영화 산업에서 몇 개의 권위 있는 상을 수상한 헐리우드 유명 여배우 제니퍼 로렌스이다. 그녀는 화려한 배경에도 불구하고 서투른 사람으로도 알려져 있는데, 특히 상을 받다가 무대에서 넘어졌을 때 그렇다.

실수와 서투른 모습에 사회, 특히 그녀의 팬들은 그녀를 겸손하고 평범하다고 생각한다. 많은 이들이 그녀의 낙천적인 성격을 좋아하고 그녀와 유대감을 느끼면서 그녀의 팬층은 늘어나고 인기는 날로 높아간다.

하지만 케이 데오(Kay Deaux)에 따르면, 실수 효과는 종종 남성과 관련이 있다. 데오는 남녀불문하고 잘나가는 사람의 실수가 현재의 매력을 높일 수 있다고 생각하는 경향이 여성들에게 더 두드러진다고 말했다.

자신의 불완전함을 받아들여라. 왜냐하면 어디엔가 그것을 매력적이라고 생각하는 누군가가 있을 테니 말이다. 실수하는 것을 두려워하지 말라! 왜냐하면 우리는 모두 실수로부터 배울 수 있을 뿐만 아니라 누군가가 실수에 반할 수도 있기 때문이다.

불완전함은 적어도 사랑하는 사람의 눈에는 완전함이다. 다른 사람의 불완전함을 보기 전에 자신의 불완전함을 받아들일 수 있는 사람은 행복한 사람이다.

29
연쇄 살인범의 거짓 신화

"자살할 생각은 전혀 없었다.

사실 (피해자) 누구도 죽고 싶어 하지 않았다."

다카히로 시라이시(Takahiro Shiraishi)

2017년 10월 30일, 28세의 다카히로 시라이시는 두 달 동안 8명의 여성과 1명의 남성을 살해한 혐의로 체포되었다. 시라이시는 여성 8명을 모두 성폭행한 뒤 살해한 것으로 알려졌다. 피해자 중 4명은 17세, 나머지는 20세 이상이었다. 시라이시 같은 연쇄 살인마 이야기는 138명을 살해한 루이스 가라비토(Luis Garavito)에 비하면 그리 충격적이지 않을 수 있다. 양신해(Yang Xinhai)는 67명의 목숨을 앗아갔고, 알렉산더 피추시킨(Alexander Pichushkin)은 48명의 목숨을 앗아갔다.

시라이시 사건이 흥미로운 점은 그가 피해자를 찾아다니지 않았다는 점이다. 오히려 희생자들이 살해당하기 위해 그를 찾았다. 그의 희생자들은 삶을 끝내고 싶어 하는 우울한 사람들이었다.

시라이시는 자살하려는 사람을 죽이는 일을 사업으로 삼았다. 실제로 그는 피해자 중 한 명으로부터 4,000달러를 받았다. 그는 고객을 찾는 트위터 계정을 가지고 있었다. "학교와 직장에서 왕따는 어디에나 있습니다. 사람들이 자살을 시도할 때 많은 어려움을 겪고 있습니다. 그들의 모습이 알려지지 않았을 뿐입니다. 저는 그저 돕고 싶을 뿐입니다." 그는 소셜 미디어 계정에서 온갖 종류의 단어를 사용하여 희생자들을 유인했다.

시라이시는 평범한 아이였던 것으로 알려졌다. 조용했지만 이웃과 어울릴 줄 아는 아이였다. 그는 훌륭하지도 나쁘지도 않은 평균적인 성적을 받았다. 또 그는 스포츠를 좋아했다. 그는 자신에 대해 거의 말하지 않았지만 다른 사람들이 말할 때 듣는 것을 좋아했다.

시라이시와 친구들은 장난으로 서로 목을 조르곤 했는데, 시라이시는 그것 때문에 기절하기도 했다. 공교롭게도 시라이시의 피해자들은 같은 방법으로 살해되었다. 시라이시와 데이트했던 여성에 따르면 그는 친절한 사람이었다. 학교를 마친 후 그는 슈퍼마켓에서 2년 동안 일하기도 했다.

그 후, 시라이시는 가부키초의 한 클럽에서 성매매 소녀들을 찾는 알선자로 일했었다. 그는 이 범죄로 투옥되었다. 아버지에게 "내가 왜 사는지 모르겠다"라고 말한 뒤 그의 태도는 달라졌다.

시라이시가 많은 트위터 계정을 만들기 시작한 것은 이 이후였고, 스스로를 '전문 교수형 집행인'으로 불렀다. 시라이시는 피해자들을 만나면 곧바로 살해하겠다고 말했다.

그는 범행 증거를 없애기 위해 집을 이용했다. 이웃들이 시라이시의 집에서 악취를 맡기 시작했고, 경찰은 그의 집에서 희생자 9명의 머리와 다른 신체 부위의 뼛조각 240개를 발견했다. 이로 인해 그는 체포되었다.

미국에서 가장 악명 높은 연쇄 살인범은 1970년대에 많은 여성들을 죽인 테드 번디(Ted Bundy)이다. 많은 심리학자들은 연쇄 살인범이 어떻게 태어나는지에 대한 열쇠를 찾기 위해 살인자의 마음을 연구하려고 하였다. 키워지는 것일까, 타고난 것일까?

보통사람의 심리학

오늘까지 명확한 답은 없다. 하지만 과학자들은 이 문제를 어떻게 설명할까?

테드 번디

위스콘신 대학교는 사이코패스와 비정상적인 뇌 사이의 관계를 연구하기 위한 실험을 수행했다. 연구자들은 사이코패스 범죄자들의 뇌를 촬영했고, 사이코패스는 편도체와 복내측전전두엽피질(vmPFC) 사이의 기능적 연관성이 떨어진다는 것을 발견했다.

편도체의 기능 중 하나는 긍정적이거나 부정적인 감정 자극 반응을 처리하는 것이다. 두 부분의 연결고리가 약하면 사람은 슬픔, 수치심, 두려움과 같은 부정적인 감정을 느끼기 어렵다.

그들은 다른 사람이 고통받을 때 슬퍼하지 않고, 잘못을 저지를 때 수치심을 느끼지 않으며, 육체적으로 고통을 받더라도 감정적으로 상처받지 않는다. 이러한 특징은 사이코패스에게서 흔히 볼 수 있다. 그들은 피를 보고서도 웃을 수 있다.

그러나 두 뇌 부분 사이의 연결 부족을 야기하는 원인에 대해서는 여전히 오리무중이다. 사이코패스의 성격도 사회적 관점에서 연구되고 있지만, 그 역할이 미미해 명확한 이유를 내놓지 못하고 있다.

연구자들은 학대와 건강하지 못한 환경에서 자라는 것이 사이코패스 형성에 기여할 수 있다는 것을 부인하지 않지만, 그것이 주요 요인은 아니라고 본다.

연쇄 살인범 중에는 시라이시 다카히로, 테드 번디와 같이 평범한 환경에서 자란 이들이 많았다. 찰스 맨슨(Charles Manson)과 같이 학대와 버림을 받은 불안전한 환경에서 자란 사람은 극소수였다.

범죄학자인 스콧 본(Scott A. Bonn)에 따르면 연쇄 살인범들은 반사회적 인격장애가 있다. 『정신 건강 장애 진단 및 통계 매뉴얼(DSM-5)』이라는 책에 따르면, 이 장애에는 몇 가지 특징이 있다.

1. 타인의 권리를 무시하는 행위
2. 법과 규범의 무시
3. 폭력을 저지르는 경향
4. 공감과 죄책감의 부족
5. 위험한 상황에 대한 두려움 부족

스콧 본에 따르면, 이러한 문제들에 기초하여, 연쇄 살인범들은 그들이 하는 일이 법에 위반된다는 것을 깨닫지 못할 수도 있다고 한다. 스콧 본은 법적으로 이러한 행동은 정신 이상으로 간주된다고 말했다.

보통사람의 심리학

그러나 스콧 본은 그러한 경향을 보이는 연쇄 살인범이 너무 적다는 것을 인정한다. 번디와 시라이시 같은 사람들은 좋은 사회적 관계를 가지고 있었다. 게다가 그들은 자신의 행동이 법적으로 잘못되었다는 것을 알고 있었다.

시라이시가 희생자들의 유골을 자신의 집에 보관한 주된 이유 중 하나는 당국이 시신을 찾는 것을 원하지 않았기 때문이다. 시라이시와 번디의 사이코패스적 행동은 너무나 극단적으로 사람을 죽이고, 법을 지키려고 하지 않는 그들의 욕구를 충족시켰다.

연쇄 살인범의 교활함과 지성을 미화하는 대중적인 신화가 있다. 소설이든 영화든 연쇄 살인범은 천재적인 모습으로 그려지는 경우가 많다.

일반적으로, 그리고 현실적으로 연쇄 살인범들은 전혀 그렇지 않다. 체포된 연쇄 살인범의 IQ 검사에서 연구자들은 그들의 지능이 평균이거나 평균보다 약간 높다는 것을 발견했다.

그들이 살인을 성공적으로 실행할 수 있었던 것은 치밀한 계획과 작전에 오랜 시간을 투자했기 때문이다. 그들의 계획은 신중하고 매우 세밀하다. 그러나 이것들이 독창성을 나타내지는 않는다.

또 다른 신화는 연쇄 살인범이 사람과 교류하는 것을 좋아하지 않고 대중으로부터 자신을 고립시키는 사람으로 인식하는 것이다. 시라이시를 비롯한 연쇄 살인범들은 친구가 있고, 보편적으로 그들은 사교적이기 때문에 이것은 사실이 아니다. 많은 연쇄 살인범은 가족이 있고 남들처럼 평범하게 사는 사람이었다.

1973년 가족을 살해한 혐의로 체포된 에드먼드 켐퍼 3세(Edmund Kemper Ⅲ)는 자신을 추적하던 경찰과 친분이 있었다. 이런 친분은 연쇄 살인범을 추적하거나 체포하기 어려운 이유 중 하나이다. 그들이 스스로를 고립시킨다면 그들의 범죄를 추적하기가 훨씬 쉬울 것이다.

경찰들이 땀 한 방울 흘리지 않고 쉽게 체포한 연쇄 살인범들은 정신적으로 문제가 있는 사람들이다. 그들은 혼자 있기를 선호하고, 살인 계획을 제대로 세우지 못하는 사람들이다. 예를 들어, 1970년 초에 미국에서 13명을 살해한 허버트 멀린(Herbert Mullin)이 있다. 그는 캘리포니아의 지진을 막기 위해 희생을 요구하는 목소리가 머릿속에서 들렸기 때문에 범행을 저질렀다고 했다.

허버트 멀린

멀린은 환각을 일으키는 편집성 정신 분열증을 앓고 있었다. 이는 젊은 시절의 약물 남용 때문이었다.

언론에서는 종종 여성 연쇄 살인범은 없다는 생각을 널리 퍼뜨린다. 그러나 여성 연쇄 살인범은 드물지

보통사람의 심리학

않다.

미국에서는 연쇄 살인범의 20%
가 여성이다. 악명 높은 사람 중에는
1989년부터 1990년까지 7명의 남성
을 살해한 매춘부 아일린 위오르노
스(Aileen Wuornos)가 있다. 위오르노
스의 이야기는 2003년에 〈괴물〉이
라는 영화로 만들어졌다.

아일린 위오르노스

연예 산업이 여성 연쇄 살인범을 보여준 적이 없다는 말은 아
니다. 은막에서 보여지는 여성 연쇄 살인범은 종종 남성들을 유
혹해 죽음으로 이끄는 팜므파탈로 묘사된다. 사실, 그들은 그렇
게 온순하지 않다. 오히려 남성들만큼 공격적이고 폭력적이다.

여성 살인범과 남성 살인범의 차이는, 여성 살인범은 일반적으
로 희생자를 고문하지 않고, 살해 후 신체 일부를 자르지 않는다
는 것이다.

다시 한번, 스콧 본은 저서 『우리가 연쇄 살인범을 사랑하는
이유-세계에서 가장 야만적인 살인자들의 호기심 어린 호소』에
서 우리가 왜 연쇄 살인범들에게 매력을 느끼고 환상을 느끼는
지 설명한다. 우리는 그들을 멋지다고 생각한다.

스콧 본은 연예 산업에 등장하는 연쇄 살인범들은 아이들이
보는 괴물 영화와 유사하다고 말한다. 무섭고 끔찍하지만, 스릴

과 흥분을 유발한다. 한 연구는 연쇄 살인범에 대한 끌림을 '유죄 쾌락(guilty pleasure)'이라고 하였다.

우리처럼 평범하게 살고 살인자가 아닌 사람들은 가족을 죽이고 신체 부위를 도려낸 후 죄책감을 느끼지 않는 사이코패스 연쇄 살인범의 마음을 이해할 수 없다. 따라서 우리는 오히려 그들을 이해하고자 하는 강한 호기심을 느낀다.

스콧 본은 연쇄 살인범이 매력적인 첫 번째 이유는 그들이 저지르는 범죄가 독특하고 이례적이기 때문이라고 말했다. 따라서 그들의 범죄는 이국적인 느낌과 강한 유혹을 불러 일으킨다.

스콧 본은 또한 언론이 종종 연쇄 살인범을 정신 장애의 결과로 생겨난 천재적인 인물로 묘사한다고 말했다. 보통 사람들은 그렇게 되는 것이 어떤 기분인지 이해할 수 없다. 그래서 언론은 연쇄 살인범을 이해하려고 노력하게 만든다. 사람들이 관심을 갖는 또 한 가지 이유는 언론이 종종 그들을 낭만적인 사람으로 묘사하기 때문이다.

30
소문을 퍼뜨리는 방법

———

"마케팅은 더 이상 당신이 만드는 것이 아니다.

마케팅은 당신이 들려주는 이야기이다."

세스 고딘(Seth Godin)

———

요즘은 모든 이야기가 쉽게 입소문이 나고, 중요하거나 뜨거운 주제들로만 구성되지 않는다. 정치 캠페인부터 예술가의 스캔들, 슬랩스틱 코미디까지, 한 푼의 가치가 있다면 어떤 이야기라도 입소문을 탈 수 있다. 말레이시아에서는 이슬람교도의 애완견 만지기, 캠퍼스 선거, 예술가 파타(Fattah)와 파주라(Fazura)의 결혼식 같은 이슈가 눈 깜짝할 사이에 입소문을 탔다. 악명 높은 암란 팬스(Amran Fans)의 슬랩스틱 코미디는 비록 그의 페이스북 계정이 여러 번 차단되었음에도 현지 네티즌들의 관심을 끌 수 있었다. 그가 새로운 계정을 만들면 며칠 만에 좋아요와 팔로워가 급증했다.

샌더 반 데어 린덴(Sander van der Linden)은 이에 대한 연구를 수행했다. 그는 심리학적 관점에서 왜 'ALS 아이스버킷 챌린지'[*]가 전 세계 소셜 미디어 플랫폼에서 빠르게 유행했는지 질문을 받았다. 이 캠페인은 말레이시아에서도 계속되었다. 린덴은 어떤 것이 입소문이 나게 만드는지를 4가지 주요 요소들로 설명한다. 그는 그것을 'S.M.A.R.T'라는 약자로 부른다.

S는 '사회적인 것'이다.

린덴에 따르면, 입소문이 나는 것은 사람들과 가까운 것이다.

---

[*] 근위축성 측삭경화증(ALS: 루게릭병) 환자를 돕기 위한 릴레이 기부 캠페인

보통사람의 심리학

사람들은 다른 사람, 특히 우리가 우러러보는 사람, 우리가 관심을 가지는 사람, 우리와 비슷하다고 생각하는 사람의 행동과 생각에 쉽게 영향을 받는다.

잡지나 신문에 연예인들에 대한 코너가 많은 이유는 사람들이 우상화하는 연예인들의 삶을 궁금해하는 경향이 있기 때문이다. 신문과 잡지는 이 코너를 이용하여 판매를 촉진시킨다.

M은 '명확한 도덕적 의무가 있음'이다.

린덴은 도덕성이 강력한 심리적 힘이라고 말했다. 강간, 절도, 그리고 강도 같은 범죄는 도덕성을 자극하여 상황을 바로잡도록 행동하게 한다.

도덕적 의무감을 움직일 수 있는 뉴스나 보도는 더 쉽게 입소문을 탈 수 있다. 성직자의 행동이나 특정 기관에서 일어나는 탄압 등 누가 옳고 그른가에 대한 사회적 이슈는 확실히 사람들의 관심을 끈다.

교사에게 매를 맞고 벌을 받은 학생 이야기는 쉽게 입소문을 타는데, 이는 도덕성과 관련이 있는 것으로서 선생님의 행동이 옳은지 그른지에 대한 논쟁이 벌어지기 때문이다. 교사가 구타당하고, 자동차 유리창을 깨트린 여성의 동영상이 인터넷 검색순위 1위에 오르는 것도 그 행위의 도덕성이 문제되기 때문에 놀라운 일이 아니다.

A와 R은 '묵시적으로 강한 정서적 반응을 이끌어냄'이다.

조나 버거(Jonah Berger)와 캐서린 밀크먼(Katherine L. Milkman)이 수행한 것을 비롯하여 많은 연구들이 감동적인 뉴스 콘텐츠가 입소문을 타기 쉽다는 것을 발견했다. 나는 이 실험을 한번 해보았다. 페이스북에 감동적인 이야기를 올리면 더 많은 관심과 공유, 그리고 수백 개의 좋아요를 받을 수 있었다.

만약 내가 사실적인 것만 쓴다면, 특히 철학이나 과학과 같이 사람들이 자신과 연관시키기 어려운 사실에 대해서만 글을 쓴다면 좋아요와 공유가 그렇게 높지 않았을 것이다. 사랑과 결혼에 관한 것이라면, 인간의 감정 자체에 닿기 때문에 사람들은 더 쉽게 관심을 기울인다. 또한 긍정적인 이야기는 긍정적인 댓글을 얻는 반면, 어떤 것을 정치화하는 부정적인 이야기는 분노하는 댓글만 가득할 것이다.

T는 '클릭과 좋아요를 실제 행동으로 옮길 수 있음'이다.

린덴은 T 요소가 달성되기 어렵다고 말했지만, 그것은 생각하는 것만큼 어렵지 않다. 린덴에 따르면 실용적인 뉴스 콘텐츠도 입소문을 타며 주목을 받을 가능성이 높다. 이러한 내용의 예로는 꿀팁이나 '~하는 방법' 등이 있다. 예를 들어, 유용한 요리 팁은 입소문을 자극할 수 있는 종류의 콘텐츠이며 사람들에게 실

보통사람의 심리학

용적이다. 또 다른 예로는 이제 막 결혼을 했거나 사회 생활을 시작하는 젊은이들과 관련 있는 주제인 집 구하기, 재정 계획을 세우는 방법에 대한 팁들이 있다.

대학생들의 관심을 쉽게 얻을 수 있는 주제로는 공부 팁과 대학생활 팁이 있다. 만약 누군가가 사랑, 감정 관리, 분노 관리 등과 같이 감정과 관련된 팁을 준다면 더 좋다.

실용적인 내용과 감성적인 내용은 다른 결과를 낳는다. 실용적인 콘텐츠는 더 많은 공유를 얻을 것이고, 감성 콘텐츠는 공유보다는 더 많은 좋아요를 얻을 것이다.

31
우리는 세상을 바꿀 수 있을까?

"당신이 만나는 사람들의 삶에 당신이 얼마나 중요한지
느낄 수만 있다면, 당신이 꿈도 꾸지 못할 사람들에게도
중요한 사람이 될 수 있는지를 안다면,
다른 사람과 만날 때마다 당신만의 무언가를 남길 수 있다."

프레드 로저스(Fred Rogers)

인생은 넓은 바다와 같다. 인간은 함께 바다를 형성하는 물방울이다. 인간으로서 우리는 모두 신체적, 정신적, 그리고 감정적인 측면을 통해 서로 밀접하게 연관되어 있다.

우리의 행동과 생각은 사회에 영향을 미치고, 사회의 반응은 다른 것들에 파급된다. 우리가 그것을 깨닫든 말든, 우리가 행한 각각의 선택과 결정은 세계에 조금이나마 영향을 끼친다.

따라서, 모든 사람은 자신을 변화시키는 과정에서 세상을 바꿀 수 있는 능력을 가지고 있다. 심리학에서는 보편적인 삶에서 일어나는 인간들 사이의 상호 관계나 연계를 파급효과(Riffle Effect)라고 한다. 이것은 물리적 또는 사회적 측면에서 영향을 주는 우리의 행동을 가리키는 추상적인 은유이다.

파급효과는 엄청난 인기를 끌고 있는 나비효과와 유사하다. 나비 효과는 나비의 날갯짓이 지구 반대편에 태풍을 일으킬 수 있다는 개념이다. 효과의 원인 중 하나는 하나의 행동이 더 큰 규모로 번져나가는 전염성이다.

시갈 바르사드(Sigal Barsade)는 사회적 상황에서 인간은 주변 공동체의 행동에 영향을 받는다고 주장했다. 따라서 집단행동을 연구할 때는 정서적 연대를 고려할 필요가 있다.

개인과 비교했을 때 집단에 대한 연구는 개인의 감정이 더 많은 개인을 끌어당기고 같은 감정을 표출하게 하여 집단적 감정으로 만든다는 것을 증명한다.

감정적이든 사회적이든 많은 상황에서 이러한 파급 효과를 볼 수 있다. 그것은 긍정적인 영향을 줄 수도 있고 부정적인 영향을 줄 수도 있다. 2011년, 〈아일랜드 타임즈〉는 자살 사건과 관련된 파급효과의 부정적인 영향을 보도했다. 즉, 보도된 자살 사건은 더 많은 자살 사례로 이어진다는 것이다.

'전염'은 우울한 청소년들에게 더 많은 영향을 미친다. 따라서 특히 십대들이 자살 사건에 더 많은 영향을 받는다. 청소년이 자살하면 전염은 가족에게 일어난 뒤 친구와 주변 지역사회로 확산된다.

파급효과를 막기 위해 취한 대책으로는 3명 이상의 자살 사건이 발생한 사회를 중점적으로 살펴보는 것이다. 미국에서는 언론이 더 많은 자살 사건을 막는 데 결정적인 역할을 한다. 언론은 사람들이 자살하는 이유보다 자살 자체의 부정적인 영향을 강조할 필요가 있다.

연구에 따르면 '전염'이 퍼지는 것을 억제하는 데 사회가 관여할 필요가 있다. 특히 죽은 사람의 가족과 가까운 친구들은 전문가의 정서적 지원이 필요하며 적절한 애도 절차를 거치고 상담을 받아야 한다.

그들은 죽은 사람과 친밀한 관계를 맺었기 때문에, 사랑하는 사람을 돕지 못한 것에 대해 큰 슬픔과 자책감을 느낄 수도 있다. 자책이 계속되고 억제되지 않으면 우울증으로 이어지고 다음 자살 희생자가 될 수 있다.

우리는 파급효과가 긍정적으로 발휘되도록, 즉 우리에게서 시작한 전염이 긍정적인 행동이 될 뿐만 아니라 세상에 긍정적인 영향을 미치도록 하는 데 중요한 역할을 한다. 우리의 생각과 행동이 무엇이든 긍정적인 마음을 퍼뜨리도록 하라.

도전적인 세상에서 사람들은 쉽게 부정적인 생각에 사로잡힌다. 하지만 혼란스러운 세상에서 긍정적으로 사는 것은 우리 각자가 가져야 할 강점이다. 긍정을 퍼뜨리는 가장 효과적인 방법 중 하나는 긍정적이 되는 것이다. 긍정적으로 생각하고 스스로를 도덕적 가치에 적용함으로써 자신을 변화시켜라. 자신이 아는 모든 사람과 함께 교류하라. 증오와 선동 대신 행복과 기쁨을 퍼뜨려라. 이렇게 함으로써 나타난 긍정은 간접적으로 주변 사회에 전염될 것이고, 세상을 좀 더 평온한 사회로 변화시킬 것이다.

32
책은 가장 좋은 선생님이다

"학교에서만 교육을 받은 아이는 교육받지 못한 아이이다."

조지 산타야나(George Santayana)

보통사람의 심리학

영리한 아이들은 교육받은 부모에게서 태어난다는 것이 일반적인 견해이다. 20세기 후반과 21세기 초반의 많은 연구들이 이를 증명했다. 아샤펜부르크(K. Aschaffenburg)와 이네케 매스(Ineke Mass)에 따르면, 이와 같은 환경은 큰 영향을 미치진 않지만 충분히 중요하다. 교육받은 부모의 가정 문화는 아이들의 학업 성취에 실제로 영향을 미친다.

27개국에서 20년에 걸쳐 수행된 연구에 따르면, 책을 집에 두고 자란 아이들이 부모의 직업이나 학력과는 상관없이 더 똑똑하게 자랐다. 이 연구는 다양한 경제 발전, 정책, 문화 및 사회적 틀을 기반으로 이루어졌다.

집에 500권의 책이 있는 것은 책이 전혀 없는 것과 비교하면 분명히 다른 영향을 끼친다. 이 발견은 네바다 대학의 머라이어 에반스(Mariah Evans)가 이끄는 연구팀의 27개국에 걸친 연구를 통해 이루어졌다.

500권의 책과 함께 자란 아이들은 집에 책 없이 자란 아이들에 비해 33~36% 더 빠른 학업 성취율을 보였다. 집에 책이 있는 것은 교육받은 부모를 둔 것보다 더 중요하고 효과가 있다. 에반스의 연구에 따르면 아이들을 위

머라이어 에반스

한 500권의 책은 교육을 받은 부모가 15년 동안 가르치는 것과 같았다.

에반스는 또한 집에 있는 책의 수와 부모의 학력 사이의 관계에 대한 연구를 수행했다. 부모가 초등 교육만 받은 경우 자녀는 평균적으로 6년 동안 초등학교에 다녀야 한다. 만약 이 가족이 25권의 책을 가지고 있다면, 아이들은 더 일찍, 4년 안에 학교를 마칠 수 있을 것이다.

에반스는 초등학교를 잘 마치지 못한 많은 아이들의 집에 책이 없다는 것을 발견했다. 집에 책이 있는 아이들은 초등학교 교육을 잘 마칠 수 있었다. 이 두 그룹에는 학력이 없는 부모도 있었다.

부모가 글을 읽거나 쓸 수 없고 집에 책이 없을 때 자녀가 대학에 진학할 가능성은 낮다. 이것은 동일한 가정 환경에서 많은 책을 읽었던 아이들과 다르다. 고등 교육을 받을 확률은 전자가 3%인 반면, 후자는 13%이다.

상아탑에 갈 확률은 부모의 학력이 높을수록 높아진다. 부모가 고등학교 교육을 받은 아동의 경우 확률이 28%로 증가한다.

사실 부모의 교육 수준은 서류로 말해지는 자격뿐만 아니라 실제 생활에 반영되는 수준도 중요하다. 일반적으로 석사학위나 박사학위 등 대학 교육을 받은 부모들은 생활방식과 교육이 다르다.

에반스는 이 문화를 학문적인 문화라고 언급했다. 에반스의 연구에 따르면 부모의 학력은 분명히 아이들의 학습 곡선에 영향을 미친다. 이는 다른 연구를 기반으로 뒷받침되고 검증되었다.

하지만 부모의 교육 수준은 자녀의 교육 수준을 높일 수 있는 부가적인 방법이다. 결론은, 아무리 부모의 교육 수준이 높아도 집에 책이 있는 것이 아이들에게 더 많은 혜택을 줄 수 있다는 것이다.

중국, 스페인, 노르웨이, 포르투갈 등은 대체로 부모가 책을 많이 가지고 있는 나라이다. 에반스는 소득 수준이 아이들의 학교 성적에 영향을 미친다는 것을 부인하지 않았다. 하지만 부모의 수입보다 책이 더 큰 영향을 미친다.

한마디로 책은 아이들의 교육에 큰 영향을 끼친다. 이러한 이점은 정부의 정책뿐만 아니라 부모의 교육, 소득, 사회적 지위와 결합되어 극대화된다.

아이가 읽는 책의 수가 교육의 질을 높일 것이다. 에반스는 엘리트가 아닌 부모가 자녀 교육을 잘할 수 있도록 도와주는 유일한 존재가 바로 책이라고 말했다.

교육의 중요한 요소는 사실 부모의 관심이다. 교육에 관심을 기울이는 부모들이 영리한 자녀를 키울 수 있다. 책의 존재는 자녀 교육을 우선시하는 부모에게서 나온다. 그리고 아이들에게는 쌓인 책과 더불어 적절한 독서 지도가 필요하다.

33
전쟁 뒤에 숨어 있는 인류 심리학

"오, 인류여!

우리가 한 쌍의 남자와 여자로 너희들을 창조하고

여러 민족과 족속을 세웠으니, 이는 너희로 하여금 서로 알게 함이며,

서로 업신여기지 않게 하려 함이라.

알라가 보는 앞에서 너희들 중 실로 가장 영광스럽게

여기는 사람은 너희들 가운데 가장 의로운 사람이다.

알라는 완전한 지식을 가지고 있으며,

모든 것을 잘 알고 있다."

코란 49장 13절(Surah al-Hujurat 49:13)

인간성은 개개인이 갖춰야 할 자질 중 하나이다. 그것은 우리
를 인간답게 만드는 인류의 절대불가결한 특성이다. 그러한 기
질에는 동등한 신체적, 정서적, 정신적 특징이 있다. 이러한 기
질 중 하나가 어떤 개인에게서 박탈될 때, 그 개인을 남들과 같게

만들어주는 인간성은 상실될 것이다. 이러한 상태를 비인간화라고 한다.

허버트 켈만(Herbert Kelmann)에 따르면 인간성은 정체성과 공동체라는 두 가지 형태로 정의될 수 있다. 첫 번째 측면에서, 정체성을 가진 개인은 스스로 선택과 결정을 내릴 수 있어야 함은 물론이고, 독립적이어야 한다. 두 번째 측면에서, 개인은 공동체의 일부가 되어야 한다. 따라서 한 사람의 삶에 존재했어야 할 정체성과 공동체가 사라지면 그 사람은 더 이상 인간으로 간주되지 않고 나쁜 대우를 받기 쉽다.

우리는 권력 투쟁으로 인한 전쟁이 난무하는 세계사를 듣고 읽는다. 이때 심각하게 고려해야 할 한 가지 중요한 측면은 전쟁이 일어나면 인간성에 대한 의식이 사라진다는 것이다.

전쟁의 희생자들은 삶의 주요 요건 중 하나인 삶의 터전이 파괴되는 것 외에도 고통과 유혈로 가득 찬 세상을 살게 된다.

비인간화는 역사나 전쟁의 페이지에서 낯설지 않은 상태이다. 그것은 무기 없이 적과 싸우는 방법, 즉 사기를 떨어뜨리고 주변 공동체가 적을 비인간적으로 대우하도록 만드는 것이다.

여로엔 베스(Jeroen Vaes)와 그의 동료들에 의하면, 고대 그리스 시대의 야만인들은 그리스어를 할 줄 모르는 외국인이었지만, 동등하게 대우받았다고 한다. 로마 제국이 유럽에 그림자를 드리웠을 때, 야만인들은 무지하고 위험하다고 낙인찍혀 짐승처럼 살았다.

비인간적인 상태를 가장 잘 보여주는 전쟁은 제2차 세계대전으로서 독일에서 아돌프 히틀러가 통치하던 때이다. 나치 군사 정권 하에서 유대인들은 매우 가혹한 대우를 받았고 히틀러에 의해 몰살당했다. 그 증거는 유대인을 가둬놓기 위해 세운 강제 수용소에 있는데, 그들은 노예처럼 대우받았고 냉혹하게 죽임을 당했다.

나치는 새로운 인간상을 구축하고, 현재 세계를 재편하며, 역사를 올바른 방향으로 인도한다는 명목으로 국가사회주의(National Socialism)를 고수하였다. 그들은 다른 인종을 동물처럼

취급함으로써 비인간적인 이데올로기를 형성했다.

데이비드 리빙스턴 스미스(David Livingston Smith)의 저서 『인간 이하(Less Than Human)』에 따르면 아돌프 히틀러의 통치 기간 동안 유대인들은 인간 기니피그처럼 취급받았다. 그들은 얼어 죽었고 말라리아로 고통 받았다.

나치 의사들은 그들의 몸을 베고 나무와 유리 조각으로 상처를 입혔으며, 이로 인해 괴저가 발생될 때까지 방치했다. 남자든 여자든 모든 유대인들은 바닷물을 마실 수밖에 없었고 온갖 치명적인 질병에 감염되었다. 그들은 또한 인이 함유된 가스를 주입받았고, 그들의 고통과 비명소리가 녹음되었다.

심리학적인 관점에서 보면 사람은 그런 만행에 쉽게 가담할 수 없으며, 가까운 거리에서 다른 사람을 죽이는 것은 더욱 어려운 일이다. 그러나 유대인들은 많은 불행을 가져온 쥐처럼 인식되고 취급되었다. 또한 히틀러는 유대인을 다른 사람들을 감염시키기 전에 박멸해야 할 기생충이자 바이러스라고 믿었다. 그러므로 그들에게 유대인은 죽임을 당해도 마땅하였다.

나치의 비인간적인 지배와는 별개로 스탈린의 붉은 군대(소련)는 독일인을 대상으로 그들만의 비인간적인 선전을 시작했다. 그들의 선전물은 독일인을 전쟁 기술에 숙달한 두 발 동물로 묘사하면서, 독일 대중의 학살을 부추기는 비인간적인 내용을 담았다. 이로 인해 독일인들은 죽여야 할 동물로 인식되었다.

전쟁이 전쟁 희생자들을 상대로 가장 크고 가장 중대한 비인간적 요소를 만들어냈다는 것은 증명된 사실이다. 그러나 오늘날에는 전쟁 시나 평시를 불문하고 냉담한 상황을 여전히 볼 수 있다. 인종적, 종교적 차별과 같은 비인간적 행동은 여전히 저급한 대우를 수반하여 존재하며 심지어 일상화되고 있다. 미국의 변두리 지역사회에서 흑인들이 받는 혐오스러운 대우가 바로 그 예이다.

서로 다른 인종, 종교, 국가로 이루어진 세계 사회로서 우리는 서로의 차이를 이해하고 받아들여야 한다. 비인간적인 방법으로 권력을 착취하려는 자들의 발자취를 따르지 말아야 한다.

우리가 진정한 인도주의적 가치로 무장할 때, 우리는 우리 자

보통사람의 심리학

신과 다른 사람들을 억압으로부터 지킬 수 있고, 세계 평화와 정의를 되찾을 수 있다.

34
뇌의 반응에 대응하는 방법

"색깔은 인간의 중요한 초능력적 기능을 나타낸다."

칼 융(Carl Jung)

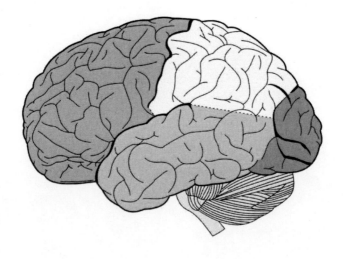

보통사람의 심리학

일반적으로 인간이 각각의 사물을 보고 소통하는 방법은 그것을 이해하는 것이다. 우리는 사물을 바라봄으로써 그 사물에 숨겨진 의미를 자동적으로 이해한다. 예를 들어, 우리는 차를 볼 때 차가 어떻게 움직이는지뿐만 아니라 자동차의 기능이 운송을 위한 것임을 안다.

실험 심리학에서는 우리의 뇌가 시각적인 것에 비해 단어와 문장을 읽고 인식하는 것이 더 쉽다고 한다. 제임스 맥킨 캐텔(James McKeen Cattell)에 따르면, 단어와 문장을 읽는 능력은 연습을 많이 하면 자동화되고 빨라진다. 이에 그는 자동화 및 인지 과학의 개념을 도입하였다. 문장을 읽는 것과 같은 자동적인 과정은 통제와 의도 없이 빠르고 무의식적으로 진행되는 과정이다.

니콜 그라바냐(Nicole Gravagna)의 저서 『마인드셋 유어 매너스(MindSET Your Manners)』에 따르면 냉전 기간 동안 미국이 소련 요원을 탐색해낸 한 가지 방법은 말장난을 하도록 하는 것이었다. 이 테스트를 '스트룹 테스트(Stroop Test)'라고 한다.

스트룹 테스트는 말의 반응 속도를 알아보기 위해 이루어진 검사였다. 이 테스트의 이름은 1935년에 연구 결과를 발표한 미국 심리학자 존 리들리 스트룹(John Ridley Stroop)의 이름을 따서 지어졌다. 그의 실험은 세 가지 다른 테스트를 통해 수행되었다.

1. 검정 잉크로 인쇄된 색상의 이름(초록, 노랑, 빨강)

2. 다른 색깔의 잉크로 인쇄된 색상의 이름

3. 사각형으로 인쇄된 색상

첫 번째 테스트를 통해 단어와 충돌 단어가 적용되었다. 참가자들은 인쇄된 잉크의 색을 무시하고 색상의 이름을 읽도록 요구 받았다.

Say the **COLOR**, not the Word:

PURPLE	ORANGE	BLUE
BLUE	**RED**	PURPLE
BLACK	**GREEN**	**YELLOW**
GREEN	BLUE	**RED**
ORANGE	**YELLOW**	GREEN

스트룹 두 번째 테스트

두 번째 테스트를 통해 단어와 색상 충돌을 적용하고, 참가자들에게 인쇄된 색상 이름 대신 잉크 색을 말하도록 했다. 예를 들어, 참가자들은 빨간색이라는 단어가 파란색 잉크로 인쇄되어 있을 때 빨간색이 아니라 '파란색'이라고 말해야 한다.

세 번째 테스트의 경우, 참가자들은 첫 번째와 두 번째 테스트

보통사람의 심리학

를 염두에 두면서, 즉 앞선 테스트의 학습 효과를 고려하면서 색칠된 상자를 가지고 테스트를 받았다. 스트룹은 참가자들이 세 번째 테스트에 비해 두 번째 테스트에서 더 시간이 오래 걸림을 발견했다.

이는 '빨간색'이라는 단어를 빨간색으로 이해하는 것처럼 인간의 뇌는 단어의 의미를 자동으로 인식하여 자동 읽기(automatic reading)를 한다는 것을 보여준다.

그러나 두 번째 테스트의 경우 뇌가 잉크 색상과 단어가 일치하는지를 확인해야 하며, 이 과정은 자동화된 과정이 아니다.

워렌 타이룬(Warren W. Tyroon)은 스트룹이 연구한 테스트 외에 감성적 스트룹의 존재를 주장했다. 이것은 동일한 테스트이지만 인간의 정서적 측면과 더 관련이 있어 정서적 스트룹(e-Stroop) 테스트라고 한다.

정서적 스트룹 테스트는 다양한 색상의 잉크로 인쇄된 단어와 감정의 충돌을 사용한다. 예를 들어, 연구가 '불안'에 관한 것이라면, 사용된 단어들은 불안의 범주 안에 있는 것들이다.

혹은 그 연구가 우울증에 관한 것이었다면, 사용된 단어들은 우울증과 관련이 있을 것이다. 고통, 폭력, 슬픔과 같은 부정적인 의미를 가진 단어들은 모두 다른 색깔로 인쇄되었다. 우울증 경험이 있는 참가자들은 없는 참가자들에 비해 우울증과 관련된 단어의 색깔을 읽고 말하는 데 더 오랜 시간이 걸렸다.

리안 카우프만(Liane Kaufmann)과 동료들은 숫자 또한 뇌의 반응에 중요한 역할을 한다고 말했다. 사람의 뇌는 단어 외에 숫자도 자동으로 처리한다고 한다.

이것은 수치 스트룹 테스트(Numerical Stroop Test)라는 연구를 통해 증명되었다. 인간의 뇌는 큰 숫자와 작은 숫자를 쉽게 비교할 수 있다. 그러나 숫자의 글꼴이나 물리적 크기가 변경되면 비교하는 데 걸리는 시간도 달라진다.

도표를 바탕으로, 우리는 7이 가장 큰 숫자임을 비교하고 식별할 수 있다. 그러나 숫자의 물리적 크기가 변경되면 큰 값의 숫자를 식별하는 데 시간이 더 걸린다. '불일치'라고 적힌 사각형처

수치 스트룹 테스트

보통사람의 심리학

럼 숫자 2의 크기를 더 크게 만들어 놓으면, 우리의 뇌는 혼동되어 7보다 2가 더 크다고 말하는 경향이 있다.

따라서 스트룹 테스트가 단어와 색상 간의 충돌을 식별하고, 정서적 스트룹 테스트는 감정과 단어 간의 충돌을 식별한다고 결론 내릴 수 있다. 수치 스트룹 테스트는 물리적 크기와 숫자 사이의 관계 및 충돌을 다룬다.

스트룹 테스트는 많은 분야, 특히 심리학 및 임상 분야에서 사용된다. 이 테스트를 통해 인간의 반응 속도와 정보처리 능력을 판단할 수 있다. 그것은 특히 새로운 문제에 직면했을 때, 우리의 뇌가 더 빨리 작동하도록 도전하는 훈련이나 마인드 게임의 한 형태로 사용될 수도 있다.

어떤 기업들은 지원자들의 주의력과 정보처리 능력을 판단하기 위해 면접 시간에 스트룹 테스트를 하기도 한다.

35
우리가 다른 사람에게 보여주는 가면

"페르소나, 사람이 되어야 할 이상형."

칼 융(Carl Jung)

보통사람의 심리학

페르소나는 애니메이션 〈페르소나〉 시리즈를 통해 대중적으로 알려졌다. 이 애니메이션에서 페르소나는 다양한 어려움에 직면 했을 때 모두가 사용하는 '가면'이다. 심리학에서의 가면은 사회 적 환경에 적응하기 위해 나타나는 성격을 말한다. 이 애니메이 션의 페르소나 개념은 심리학 분야의 페르소나와 비슷하다.

페르소나라는 단어는 에트루리아어인 '페르수(phersu)'에서 유 래된 라틴어이다. 페르수는 그리스어로 성격을 뜻하는 프로소폰 (prosopon)과 비슷한 의미를 가지고 있다.

인격과 성격의 개념을 가리키는 것 외에, 페르소나는 연극에서 '연기된 인물'이라는 의미로도 사용된다. 예술계 이외에 페르소 나는 마케팅, 음악, 디자인에서도 사용된다.

심리학에서 페르소나의 개념은 칼 융에 의해 정립되었다. 페르 소나에 대한 융의 생각을 더 깊이 들여다보기 전에, 먼저 성격의 개념과 형성에 대해 알아보자.

1987년 조셉 퍼너(Josef Perner), 수잔 리캄(Susan R. Leekam), 와인 즈 위머(Weinz Wimmer)는 아이들 몇 명을 대상으로 연구를 수행 했다. 아이들을 두 명씩 짝을 지어, 한 명은 방에 들어가게 하고, 다른 한 명은 밖에 있게 했다. 그리고 방에 들어간 아이들에게 는 똑똑이 상자, 즉 초콜릿 사탕이 그려진 원통형 박스를 보여 주었다.

아이들에게 상자 안에 무엇이 들어 있겠느냐고 물으면, 대부분

똑똑이 상자

은 '초콜릿 사탕'이라고 대답할 것이다. 어른인 우리조차도 같은 대답을 할 것이다. 그러나 상자를 열었을 때 그 안에는 연필이 들어 있었다. 아이들에게 그걸 보여준 다음 상자를 닫았다.

그런 후에 각각의 아이들에게, 만약 밖에 있는 친구들이 방 안으로 들어온다면 원통형 상자의 내용물을 뭐라고 생각하겠느냐는 질문을 하였다.

아이들은 나이에 따라 다른 대답을 했다. 세 살 정도의 어린 아이들은 친구들이 상자에 연필이 들어 있다고 생각할 것이라고 대답했다. 더 나이가 많은 아이들(약 4세)은 친구들이 초콜릿 사탕이 들어 있다고 말할 것이라고 대답했는데, 이는 누군가가 똑똑이 상자를 볼 때 흔히 생각하는 것이기 때문이다.

우리는 매일 다른 사람들이 우리를 어떻게 생각하는지 고민하는 데 많은 시간을 보낸다. 우리는 '만약 내가 다른 사람이라면 어떨지'라고 생각하고 추측할 수 있다. 우리는 항상 다른 사람들이 우리의 행동에 대해 어떻게 생각하는지 고민할 것이고, 항상 다른 사람들의 관점에 따라 적절하다고 생각하는 방식으로 행동

보통사람의 심리학

한다.

우리가 속해 있는 어떤 '집단(공동체)'도 우리의 성격과 행동에 영향을 미치지 않을 수 없다. 우리는 과학자 집단에 속한다면 과학자처럼 행동할 것이다. 왜냐하면 우리는 과학자에 대한 다른 사람들의 관점을 고려하기 때문이다. 가장 간단한 예는 성별 그룹이다. 여자로 태어난다면 여자들 사이에서 흔한 성격을 형성할 것이다. 그렇게 하지 않고 반대되는 성격을 갖는다면 사회는 좋지 않은 시선으로 바라볼 것이고, 이것은 피하고 싶은 일이다.

우리는 좋든 싫든 사회적 위치에 따라 형성될 것이다. 우리는 사회 집단의 일원이다. 우리 자신을 어떻게 정의하느냐는 우리가 속한 집단에 따라 다르다.

이러한 사회 집단에는 성별, 민족, 국가, 직위 및 우리가 가입한 동호회 등이 포함된다. 우리가 속한 사회 집단이 무엇이든 그것은 우리의 성격과 정체성 형성에 어느 정도 영향을 미친다.

다른 사람들과 교류할 때 우리는 종종 무의식적으로 자신의 사회 집단을 대신하여 말하곤 한다. 때때로 우리는 한 사회 집단에서 다른 사회 집단으로 이동하는 것이 적절하다고 판단된다면 그렇게 하기도 한다. 각 국가는 서로 다른 문화적 규범을 가지고 있으며, 우리의 행동과 성격은 우리가 속한 국가와 문화에 의해 형성된다.

융에 따르면 외부 영향, 특히 사회 집단에서 기인하는 성격은 자신의 진정한 성격이 아니다. 외부의 영향으로 존재하는 성격을 페르소나, 즉 '인간이 사회화의 도전에 직면할 때 필요한 방어적인 성격'이라고 한다. 다시 말해서 그것은 '자기 자신이 아닌 것'이다.

융은 바깥 세상에 적응하기 위해 유연한 페르소나가 필요하다고 말했다. 우리는 누구와 상호 작용하느냐에 따라 다른 페르소나를 가지고 있다. 예를 들어, 직장 동료, 동호회원, 친한 친구들, 가족과 교류할 때 모두 다른 페르소나를 가지고 있다.

융은 더 나아가 이 페르소나가 사회적 화합을 유지하는 데 좋다고 말했다. 그러나 페르소나에 너무 깊이 빠져들면, 다른 사람들이 우리의 행동을 어떻게 생각하느냐에 압도될 것이다. 그리하여 점차 다른 사람의 말만 듣고, 다른 사람들의 문화를 따르기 시작하면서, 결과적으로 자신의 삶을 해칠 것이다. 끝내 우리는 더 이상 우리의 진정한 페르소나와 사회가 우리에게 기대하는 페르소나를 구분할 수 없게 되면서 자신의 개성을 잃게 될 것이다. 융의 말에 따르면 '진정한 자신'이 되는 것은 쉽지 않다.

융은 진정한 개성을 찾기 위해서는 자신의 그림자를 마주할 필요가 있다고 말했다. '그림자'는 우리가 받아들일 수 없는 어두운 성격, 그것을 공개적으로 드러내면 사람들이 부정적인 반응을 보일 수 있는 성격이다.

예를 들어, 남성적인 성격을 가진 여성이라면 어떤 사람들에게

보통사람의 심리학

는 부정적인 반응을 받을 수 있다. 대중들에게 달갑지 않은 성격은 특히 가까운 사람들에게 그것을 보여줄 때 우리를 불안하고 열등하게 만든다. 우리는 우리 자신을 미워하게 될 것이고, 이 성격을 버리게 될 것이다.

우리가 받아들일 수 없었던 이 성격이 바로 '그림자'이다. 융은 그림자가 우리도 모르는 사이에 우리의 감정과 행동에 부정적인 영향을 미친다고 말했다.

그는 우리 자신이 되기 위해서는 우리가 깨달은 형태로 그림자를 드러내야 한다고 덧붙였다. 우리는 어두운 성격을 받아들여야 한다. 우리가 우리의 그림자를 받아들일 때, 성격을 재조정할 수 있다. 그것은 생리와 감정에 영향을 미칠 것이다.

융에 따르면 '원래의 자기 자신(oneself)'이 되는 것은 자신이 좋아하지 않거나 대중이 비웃는 성격과 행동 등을 포함하여 자신을 온전히 포용할 때 시작된다. 그 그림자가 포용되고 재조정될 때 새로운 출발점이 나타난다. 그때서야 우리의 진정한 자아를 찾을 수 있다.

36
자신의 위대함에 대한 두려움

———

"만약 여러분이 자신이 할 수 있는 것보다

의도적으로 더 적게 능력을 발휘할 계획이라면,

여러분은 남은 평생 동안 매우 불행하게 될 것이라고 경고한다.

여러분은 자신의 능력과 가능성을 회피하게 될 것이다."

에이브러햄 매슬로(Abraham Maslow)

———

보통사람의 심리학

인간은 누구나 높이 날고자 하는 야망을 가지고 있다. 어렸을 때는 원하는 것은 무엇이든지 되고 싶다. 어떤 사람은 달나라에 가보기를 원하고, 또 어떤 사람은 범인을 잡거나 새로운 기술 발명을 원한다.

헤르만 헤세는 작품 『데미안』에서 인간이 가진 가장 강력한 욕망은 날고자 하는 욕망이라고 했다. 모든 사람이 그런 욕망을 가지고 있다. 그것은 자기 안에 있는 힘의 근원과 연결되어 있다.

에이브러햄 매슬로는 모든 인간은 스스로를 발전시키고자 하는 욕구를 가지고 있다고 말했다. 즉, 그는 최고의 인간성을 달성하고 자기 잠재력을 실현하고자 하는 욕구를 언급하였다.

하지만 우리가 그 수준에 도달하기 위해 높이 올라가는 것과 전력질주하는 것을 멈추게 하는 것들이 있다. 가장 중요한 것은, 우리 스스로가 더 높은 수준을 달성는 걸 두려워하고, 이러한 전력질주를 두려워한다는 것이다.

우리는 우리 자신의 잠재력과 우수성을 두려워한다. 매슬로는 이것을 자신의 위대함에 대한 두려움으로 운명을 회피하고 자신의 재능으로부터 도망치는 것이라고 규정했다. 그리고 이 콤플렉스를 '요나 콤플렉스(Jonah Complex)'*라고 불렀다.

이 용어는 기독교 신앙에 나오는 '요나(Johah)'라는 선지자의

---

* 실패에 대한 공포감 때문에 자신의 성장 가능성을 스스로 포기하는 상태.

이야기에서 따온 것이다. 이슬람에서 요나는 예언자 유수프이다. 기독교 신앙에서 요나는 하나님의 명령에 불복종한 니느웨 사람들에게 자신의 가르침을 전파하라는 하나님의 명령을 받았다.

그러나 요나는 그 명령을 무시하고 타르시시(Tarshish)로 가는 배를 탔다. 요나 콤플렉스는 자신의 운명에서 도망치는 요나의 행동에서 영감을 받았다.

매슬로에 따르면, 우리는 스스로 도달할 수 있는 가장 높은 가능성들을 사랑하고 흥분하지만, 동시에 이러한 것들에 대한 두려움을 키운다. 매슬로는 학생들에게 우리 모두가 학교에서 한 번쯤은 들어봤을 질문을 던졌다.

"이 반에서 누가 가장 위대한 미국의 소설가, 상원의원, 주지사, 대통령이 되기를 희망합니까? 누가 유엔 사무총장이 되고 싶습니까? 아니면 최고의 작곡가가 되고 싶은 사람은? 어쩌면 슈바이처처럼 종교에 대한 열망이 있는 사람은 누구입니까?"

매슬로가 다시 묻기 전까지 교실의 모든 학생들은 킥킥대고 얼굴을 붉히고 몸을 꿈틀거렸다. "여러분이 아니라면 또 누가 있습니까?" 그제서야 학생들은 열정적으로 대답하기 시작했다.

오토 랭크(Otto Rank)는 인간은 두 가지 종류의 두려움, 즉 삶에 대한 두려움과 죽음에 대한 두려움에 의해 움직인다고 말한 적이 있다. 죽음에 대한 두려움은 육체적 죽음뿐 아니라 심리적 형태의 죽음도 포함한다. 이것이 랭크가 초점을 맞추는 것이다. 그에 따르면 우리는 사회에서 침몰할까 봐 두려워한다. 우리는 개성을 잃는 것을 두려워한다. 우리는 평범해지는 것을 두려워한다. 이러한 두려움들이 우리가 독특하고 특별해지도록 동기를 부여했다. 우리는 특별해지기 위해 움직인다. 요즘은 평범하게 사는 사람들을 로봇으로 치부하고 그런 종류의 삶은 '낭비한 삶'으로 간주된다. 그것은 또한 '죽은 삶'으로 여겨진다.

그러나 우리가 독특한 단계에 도달하면 많은 사람들이 우리처럼 살지 않기 때문에 외로움이 엄습할 것이다. 우리는 평범하게 사는 사람들과는 다른 세상에 있기 때문에 소외감을 느끼기 시작할 것이다. 무슨 일이 생기면 평범한 삶을 사는 대중들로부터 보호받지 못할까 봐 두렵다.

매슬로가 학생들에게 야망에 대해 물었을 때, 많은 학생들이 얼굴을 붉히고 손 드는 것을 두려워했다. 그들은 자신이 대중에 속하지 않는 것을 두려워한 것이다. 그것은 버려지는 것에 대한 두려움이며, 자신의 야망을 비웃는 것에 대한 두려움이었다.

이런 두려움이 랭크가 말하는 '삶의 두려움'이다. 그것은 우리가 사회, 그리고 그 안의 대다수 사람들과 다시 연결되기를 원하게 한다. 우리는 사회의 지시에 순응하기 시작했다. 이것이 우리가 자신의 독창성을 버리고 최고의 가능성을 향한 문을 닫는 이유이다.

프리드리히 니체(Friedrich Nietzsche)에 따르면, 사회적 압력은 우리의 가장 큰 잠재력을 놓아버리도록 이끈다. 그는 이것을 위험한 '반자연적 행위'라고 했는데, 왜냐하면 그것이 인간의 자신감을 떨어뜨리고 우리를 평범하고 흔하게 만들기 때문이다.

니체는 모든 사람이 사회가 정한 규범 때문에 진정한 자기 자신이 될 수 없으므로 이를 '집단의식(herd mentality)'이라고 불렀다. 한 사람의 가장 큰 자기 잠재력은 집단의 흐름을 따르는 경향 때문에 닫혀 있다. 니체에 따르면, 이러한 사고방식은 사람에게 여러 가지 구실을 내세워 평범한 사람이 되도록 만들 것이며, 특별함과 잠재력이 있는 것에 대한 부담감을 느끼도록 할 것이다.

개인적인 이야기이지만, 나는 이상적이고 독특한 사람이 되고 싶었다. 남들과 다르기를 원했다. 그러기 위해서는 많은 도전을 해야 했고 힘들었다.

나는 랭크가 언급한 도전들을 경험했다. 나에게 가장 힘든 것은 남들보다 더 노력할 때다. 우리는 많은 일과 많은 사람을 마주해야 한다. 나는 점차 복잡해지고 피곤해지다가 평범한 사람이 되어가는 편안함을 느꼈다. 나는 좋은 직업과 적당한 수입이 있어 미니멀리즘적인 생활을 하고 있다. 일주일에 5일 일하고 주말은 가족, 친구들과 보낸다. 많은 일에 관여할 필요가 없다.

사회에서 특별하고 차별화되는 것이 부담스럽다. 평범하다는 것도 그렇게 나쁘지 않다. 우리가 로봇이라고 말하는 사람들의 말에 귀를 기울일 필요도 없고, 집단의식을 억누를 필요도 없다.

보통사람의 심리학

사람마다 성공에 대한 정의가 다르므로 기분이 나빠질 필요도 없다. 어쩌면 나에게도 요나 콤플렉스가 있을 수 있다는 걸 부인하지 않겠다.

보통사람의 심리학

초판 1쇄 발행 2022년 11월 25일

지은이 자미르 모히딘 · N.H.M
옮긴이 정상천
펴낸이 강수걸
기획실장 이수현
편집장 권경옥
편집 이선화 신지은 오해은 김소현 이소영 강나래
디자인 권문경 조은비
펴낸곳 산지니
등록 2005년 2월 7일 제333-3370000251002005000001호
주소 부산시 해운대구 수영강변대로 140 BCC 613호
전화 051-504-7070 | 팩스 051-507-7543
홈페이지 www.sanzinibook.com
전자우편 sanzini@sanzinibook.com
블로그 sanzinibook.tistory.com

ISBN 979-11-6861-106-1 03180